ANSIEDADE
NA INFÂNCIA E ADOLESCÊNCIA

SPADA: Programa de intervenção cognitivo-comportamental

FERNANDO RAMOS ASBAHR
EUNICE MONTEIRO LABBADIA
LILIAN LERNER CASTRO

ANSIEDADE
NA INFÂNCIA E ADOLESCÊNCIA

SPADA: Programa de intervenção cognitivo-comportamental

ILUSTRAÇÕES DE
Laurent Cardon

Copyright © Editora Manole Ltda., 2024, por meio de contrato com os autores.

A edição desta obra foi financiada com recursos da Editora Manole Ltda., um projeto de iniciativa da Fundação Faculdade de Medicina em conjunto e com a anuência da Faculdade de Medicina da Universidade de São Paulo – FMUSP.

Editoração eletrônica: Luargraf Serviços Gráficos
Capa: Departamento de Arte da Manole
Projeto gráfico: Anna Yue
Ilustração de capa: Laurent Cardon

CIP-BRASIL. CATALOGAÇÃO NA PUBLICAÇÃO
SINDICATO NACIONAL DOS EDITORES DE LIVROS, RJ

A838a
2. ed.

Asbahr, Fernando Ramos
Ansiedade na infância e adolescência : SPADA : programa de intervenção cognitivo-comportamental / Fernando Ramos Asbahr, Eunice Monteiro Labbadia, Lilian Lerner Castro ; ilustração Laurent Cardon. - 2. ed. - Barueri [SP] : Manole, 2024.
il. ; 21 cm.

Inclui bibliografia
ISBN 978-85-204-6590-5

1. Ansiedade em crianças - Tratamento - Brasil. 2. Ansiedade em adolescentes - Tratamento - Brasil. 3. Terapia cognitiva para crianças - Brasil. 4. Terapia cognitiva para adolescentes - Brasil. I. Labbadia, Eunice Monteiro. II. Castro, Lilian Lerner. III. Cardon, Laurent. IV. Título.

24-92104	CDD: 618.928522
	CDU: 616.89-008.441-053.2/.6

Meri Gleice Rodrigues de Souza - Bibliotecária - CRB-7/6439

Todos os direitos reservados. Nenhuma parte deste livro poderá ser reproduzida, por qualquer processo, sem a permissão expressa dos editores.
É proibida a reprodução por fotocópia.

A Editora Manole é filiada à ABDR – Associação Brasileira de Direitos Reprográficos.

1ª edição – 2017; 2ª edição – 2024

Editora Manole Ltda.
Alameda Rio Negro, 967, conj. 717
Alphaville Industrial – Barueri – SP - Brasil
CEP: 06454-000
Fone: (11) 4196-6000
www.manole.com.br | https://atendimento.manole.com.br/

Impresso no Brasil / *Printed in Brazil*

Autores

Fernando Ramos Asbahr
Psiquiatra. Doutor pelo Departamento de Psiquiatria da Faculdade de Medicina da Universidade de São Paulo (FMUSP). Coordenador do Programa de Ansiedade na Infância e Adolescência do Instituto de Psiquiatria do Hospital das Clínicas da Faculdade de Medicina da Universidade de São Paulo (IPq-HCFMUSP).

Eunice Monteiro Labbadia
Psicóloga clínica. Especialização em Terapia Cognitivo-Comportamental pelo Núcleo de Terapia Cognitiva de São Paulo. Psicóloga do Programa de Ansiedade na Infância e Adolescência do Instituto de Psiquiatria do Hospital das Clínicas da Faculdade de Medicina da Universidade de São Paulo (IPq-HCFMUSP).

Lilian Lerner Castro
Psicóloga clínica e especialista em Terapia Cognitivo-Comportamental pelo Hospital das Clínicas da Faculdade de Medicina da Universidade de São Paulo (HCFMUSP). Psicóloga do Programa de Ansiedade na Infância e Adolescência do Instituto de Psiquiatria do Hospital das Clínicas da Faculdade de Medicina da Universidade de São Paulo (IPq-HCFMUSP).

Durante o processo de edição desta obra, foram tomados todos os cuidados para assegurar a publicação de informações técnicas, precisas e atualizadas conforme lei, normas e regras de órgãos de classe aplicáveis à matéria, incluindo códigos de ética, bem como sobre práticas geralmente aceitas pela comunidade acadêmica e/ou técnica, segundo a experiência do autor da obra, pesquisa científica e dados existentes até a data da publicação. As linhas de pesquisa ou de argumentação do autor, assim como suas opiniões, não são necessariamente as da Editora, de modo que esta não pode ser responsabilizada por quaisquer erros ou omissões desta obra que sirvam de apoio à prática profissional do leitor.

Do mesmo modo, foram empregados todos os esforços para garantir a proteção dos direitos de autor envolvidos na obra, inclusive quanto às obras de terceiros e imagens e ilustrações aqui reproduzidas. Caso algum autor se sinta prejudicado, favor entrar em contato com a Editora.

Finalmente, cabe orientar o leitor que a citação de passagens da obra com o objetivo de debate ou exemplificação ou ainda a reprodução de pequenos trechos da obra para uso privado, sem intuito comercial e desde que não prejudique a normal exploração da obra, são, por um lado, permitidas pela Lei de Direitos Autorais, art. 46, incisos II e III. Por outro, a mesma Lei de Direitos Autorais, no art. 29, incisos I, VI e VII, proíbe a reprodução parcial ou integral desta obra, sem prévia autorização, para uso coletivo, bem como o compartilhamento indiscriminado de cópias não autorizadas, inclusive em grupos de grande audiência em redes sociais e aplicativos de mensagens instantâneas. Essa prática prejudica a normal exploração da obra pelo seu autor, ameaçando a edição técnica e universitária de livros científicos e didáticos e a produção de novas obras de qualquer autor.

Sumário

Apresentação IX
Agradecimentos XIII
Introdução XV

1. Ansiedade na infância e adolescência 1
2. SPADA: Programa de intervenção
cognitivo-comportamental (Crianças)..................................25

Sessão 1: Psicoeducacional com a presença dos pais 28

Sessão 2: Sensações físicas desagradáveis da ansiedade 31

Sessão 3: Conhecendo seu corpo 38

Sessão 4: Como seu corpo reage à ansiedade 42

Sessão 5: Aprendendo a respirar e a relaxar.....................46

Sessão 6: Reconhecendo e identificando sentimentos 49

Sessão 7: Reconhecendo e identificando sentimentos 53

Sessão 8: O que ou quem deixa as crianças ansiosas?........58

Sessão 9: O que estou pensando?....................................65

Sessão 10: Identificando, questionando e modificando os
pensamentos da nuvem de ansiedade 71

Sessão 11: O que devo fazer?..76

Sessão 12: Desejos alcançados e recompensas..................82

Sessão 13: Sessão com os pais...86

VIII Ansiedade na infância e adolescência

Sessão 14: Praticando o programa SPADA para detonar a
ansiedade...89

Sessão 15: Praticando o programa SPADA para detonar a
ansiedade...92

Sessão 16: Sessão com os pais e a criança – Alta e prevenção
de recaída 96

3. SPADA: Programa de intervenção cognitivo-comportamental (Adolescentes) 99

Sessão 1: Psicoeducacional com a presença
dos pais ou responsáveis..102

Sessão 2: Sensações físicas da ansiedade.............................105

Sessão 3: Aprendendo a respirar e a relaxar........................111

Sessão 4 : Reconhecendo e identificando sentimentos 115

Sessão 5: Identificando pensamentos automáticos.............121

Sessão 6: Programa SPADA – Passo um 128

Sessão 7: Programa SPADA – Passo dois..............................133

Sessão 8: Programa SPADA – Passo três...............................137

Sessão 9: Programa SPADA – Passo quatro.........................144

Sessão 10: Programa SPADA – Dominando
os quatro passos 147

Sessão 11: Sessão para os pais – Orientações
sobre o programa SPADA..156

Sessão 12: Comece a praticar – Situações fáceis................159

Sessão 13: Comece a praticar –
Situações de média ansiedade..161

Sessão 14: Comece a praticar –
Situações de grande ansiedade 164

Sessão 15: Mais prática –
Situações de grande ansiedade 168

Sessão 16: Última sessão..173

Referências...177
Índice remissivo 180

Apresentação

O programa SPADA foi desenvolvido para ajudar crianças e adolescentes a aprenderem importantes habilidades e técnicas para lidar com a ansiedade. Eles aprendem a identificar sensações físicas e sentimentos relacionados à ansiedade e pensamentos amedrontadores. Como detetives, analisam estes pensamentos perguntando se são verdadeiros e como solucioná-los. Com isso, conseguem tranquilidade e diminuição dos incômodos.

No Brasil e nos países lusófonos há muito poucos psiquiatras e psicólogos especializados no atendimento de crianças e adolescentes. Além disso, a área é dividida por ideologias que propõem tratamentos nem sempre eficazes. Por isso, este programa é muito bem-vindo. Auxiliará profissionais não especializados, pais e pacientes a aprenderem procedimentos práticos que, quando aplicados, beneficiam a criança ou o adolescente que sofre de um transtorno de ansiedade.

Os autores trabalham voluntariamente no Instituto de Psiquiatria do Hospital das Clínicas de São Paulo há mais de vinte anos. Por meio de seu trabalho de pesquisa trouxeram importantes contribuições reconhecidas internacionalmente. Treinam novos profissionais, residentes e estudantes que com eles estagiam, ministram cursos e, principalmente, auxiliam milhares de crianças e adolescentes que sofrem dos transtornos de ansiedade.

O programa descreve em linguagem acessível quando a ansiedade se torna um problema; o que é um transtorno de ansiedade; os tipos de

X Ansiedade na infância e adolescência

transtornos de ansiedade em jovens. Por exemplo, descreve o transtorno de ansiedade de separação, as fobias específicas, o transtorno de ansiedade social (fobia social), o transtorno de ansiedade generalizada, o transtorno do pânico e a agorafobia.

Dá uma boa ideia sobre o quanto estes transtornos são comuns em crianças e adolescentes, descreve as doenças que podem estar presentes de forma concomitante e o que se sabe sobre as causas destes males. São apresentadas as causas genéticas, neurobiológicas e ambientais.

Em capítulo destinado aos pais, tranquiliza-os e ensina-os o que pode ser feito. Alerta principalmente para as consequências de transtornos de ansiedade não tratados. Tais transtornos tendem a piorar e acarretam complicações: recusa escolar, isolamento social, depressão e abuso de álcool e drogas.

Os principais tratamentos são apresentados de forma didática, assim como o uso correto dos remédios e a aplicação da Terapia Cognitivo-Comportamental.

O programa de tratamento é descrito com detalhes, ensinando passo a passo o que deve ser feito. Os objetivos do programa SPADA incluem: levar a criança ou o adolescente a compreender o que é ansiedade, como diferenciar a ansiedade considerada normal daquela tida como excessiva, perceber os gatilhos que a disparam e utilizar estratégias (cognitivas e comportamentais) para lidar com os sintomas ansiosos, a fim de minimizá-los ou torná-los mais fáceis de manejar.

Diversas técnicas são ensinadas claramente: conscientização das reações corporais na presença da ansiedade; treino de relaxamento progressivo e respiração; identificação de sentimentos, em particular aqueles que estão presentes em momentos de ansiedade; identificação de pensamentos relacionados à ansiedade, avaliação de sua veracidade e substituição por pensamentos mais adequados; como resolver problemas; exercícios de casa para aplicar as habilidades adquiridas; práticas de exposição gradual, para aprender a enfrentar as situações geradoras de ansiedade e aprendizagem de novas formas de pensar e se comportar em situações geradoras de ansiedade.

O programa SPADA possui duas versões: a primeira, para crianças, e a segunda, para adolescentes.

Este programa será útil para o profissional não especializado em transtornos de ansiedade na infância e adolescência e para os estudantes da área, facilitando o treinamento de psicólogos, profissionais de enfermagem e médicos. Será imensamente útil nos Programas de Saúde da Família. Aos pais que não têm acesso aos profissionais de saúde, ensinará técnicas que poderão ajudar os filhos e orientá-los a escolher a melhor forma de tratamento.

Prof. Dr. Francisco Lotufo Neto
Professor-associado do Departamento de
Psiquiatria da Faculdade de Medicina da Universidade de São Paulo

Agradecimentos

Aos inúmeros pacientes, crianças e adolescentes, e a suas famílias. Esperamos que ao desenvolver este programa possamos contribuir para que esses jovens possam usufruir de vidas mais saudáveis, felizes e produtivas.

A todos os membros do Programa de Transtornos de Ansiedade na Infância e Adolescência, e aos demais profissionais médicos, enfermeiros, psicólogos e assistentes sociais do Serviço de Psiquiatria da Infância e Adolescência do Instituto de Psiquiatria do Hospital das Clínicas da Faculdade de Medicina da Universidade de São Paulo (IPq-HCFMUSP). Sem o trabalho em equipe proporcionado por esses profissionais, nossos principais objetivos – a qualidade da assistência a nossos pacientes, o desenvolvimento de pesquisas e o treinamento de profissionais – não teriam sido alcançados.

Fernando Ramos Asbahr
Eunice Monteiro Labbadia
Lilian Lerner Castro

Introdução

Este programa é fruto da experiência dos últimos 25 anos dedicados ao trabalho com crianças e adolescentes portadores de transtornos de ansiedade. Medos como o de dormir sozinho(a), de separar-se da mãe ou do pai no início das aulas ou o mal-estar antes das provas são queixas habitualmente relatadas por pais que procuram ajuda para seus filhos ansiosos.

Além disso, muitos desses pais descrevem terem experimentado, quando crianças, sintomas.

Infelizmente, a ansiedade em jovens é frequentemente pouco reconhecida e, consequentemente, não tratada. Muitos dos pais, quando trazem seus filhos para avaliação, não sabem que esse tipo de problema necessita (e se beneficia) de tratamento e, muitas vezes, consideram os medos e as preocupações de seus filhos "birra", "chilique" ou ainda algo passageiro, inócuo à vida da criança e que "vai melhorar com o tempo".

De fato, os transtornos de ansiedade estão entre os quadros psiquiátricos mais comuns em crianças e adolescentes. De acordo com estimativas de prevalência descritas em estudos populacionais, entre 10 e 30 crianças e jovens entre 6 e 19 anos de idade apresentam história de algum transtorno ansioso passível de tratamento. Evidências disponíveis sobre os transtornos de ansiedade na infância e na adolescência (TAIA) apontam para um curso crônico quando não tratados. Crianças ansiosas estão mais propensas que as não ansiosas a ter problemas de humor, de conduta, além de apresentar risco aumentado para problemas de ajustamento na vida adulta. Os sintomas são frequentemente recorrentes, podendo causar

XVI   Ansiedade na infância e adolescência

prejuízos a longo prazo no funcionamento desses jovens, incluindo: mau desempenho acadêmico e vocacional, utilização aumentada de serviços de saúde, além de interferir na aquisição de habilidades apropriadas para a idade, como, por exemplo, a social. Mesmo entre aqueles que recebem tratamento adequado, uma proporção significativa de jovens continua a sofrer dificuldades associadas à ansiedade.

Assim, a detecção precoce da ansiedade "patológica" na população pediátrica é fundamental. A avaliação pormenorizada, por meio de informações obtidas tanto com os pais quanto com os filhos, permite dimensionar o papel da ansiedade na vida da criança ou do adolescente. Em jovens sob risco, ações precoces podem auxiliar na prevenção do desenvolvimento de quadros patológicos. Naqueles diagnosticados com algum transtorno de ansiedade, o tratamento imediato pode reduzir a sintomatologia e, consequentemente, os sintomas e efeitos nocivos sobre a autoestima, o funcionamento social e o desempenho escolar.

O surgimento do programa SPADA

O desenvolvimento do programa de tratamento cognitivo-comportamental que contém o programa SPADA confunde-se com a própria história do Projeto Transtornos de Ansiedade na Infância e Adolescência no Serviço de Psiquiatria da Infância e Adolescência do Instituto de Psiquiatria do Hospital das Clínicas da Faculdade de Medicina da Universidade de São Paulo (IPq-HCFMUSP). No começo dos anos 2000, iniciamos intensa colaboração científica com dois renomados professores e pesquisadores, John March (Duke University, Durham/Carolina do Norte) e Philip Kendall (Temple University, Filadélfia/Pensilvânia), responsáveis por serviços pioneiros americanos dedicados exclusivamente à ansiedade pediátrica. O intercâmbio com os Drs. March e Kendall tem sido fundamental para o desenvolvimento do nosso grupo/serviço, o primeiro especializado em ansiedade na infância e na adolescência no Brasil.

Um dos pilares daqueles serviços é a utilização de tratamentos baseados em evidência; no caso de abordagens psicológicas, a Terapia Cognitivo-Comportamental (TCC). A aplicação da TCC é oferecida por meio da utilização de manuais de tratamento. Na tentativa da implantação desses manuais em nosso meio, sua utilização a partir de traduções "ao pé da letra" (com o intuito de nos manter absolutamente fiéis aos originais) mostrou-se improdutiva. Tínhamos um problema. Em decorrência das inúmeras e importantes diferenças culturais, era necessário um instrumento que atendesse às necessidades de nossos jovens pacientes. Surgia, assim, um novo projeto: um programa para transtornos de ansiedade em jovens, que seguisse a abordagem da Terapia Cognitivo-Comportamental e tivesse como objetivo o controle/superação da ansiedade "patológica". E, claro, que fosse originalmente escrito em português. Nascia, assim, o programa SPADA.

O programa SPADA tem como objetivo principal ajudar crianças e adolescentes a aprender e a desenvolver importantes habilidades e técnicas para lidar com a ansiedade. Cada letra da sigla SPADA representa uma etapa do tratamento a ser ultrapassada. A finalização das etapas culmina com a libertação da "prisão" causada pela ansiedade. Essa libertação é simbolizada pela conquista da "SPADA da liberdade". Na elaboração deste programa, procuramos seguir os mesmos procedimentos terapêuticos utilizados (de forma individual ou em grupos) para as crianças e os adolescentes tratados em nosso serviço no IPq-HCFMUSP. O programa foi dividido em duas partes, uma para crianças e outra para adolescentes, contemplando as características únicas da infância e da adolescência.

Apesar do surgimento nas últimas décadas de crescentes evidências científicas, inúmeros profissionais de saúde mental ainda utilizam tratamentos psicológicos pouco eficazes, não embasados em estudos metodologicamente confiáveis. Uma das razões parece ser a carência de informações atualizadas em (traduzidas para) nossa língua. Eis um dos principais estímulos que tivemos para organizar este programa.

Esperamos que o programa SPADA possa ser de interesse a todos os profissionais clínicos das mais variadas disciplinas (em particular, psiquiatras da infância e da adolescência, neurologistas infantis, pediatras, psicólogos, enfermeiros pediátricos) envolvidos no tratamento de crianças e adolescentes com transtornos de ansiedade.

CAPÍTULO 1

Ansiedade na infância e adolescência

Introdução

Os transtornos de ansiedade são os transtornos psiquiátricos mais comuns na infância e adolescência. Associam-se a mau desempenho acadêmico e à presença de outras condições psiquiátricas concomitantes, bem como a outros prejuízos funcionais que podem se estender até a idade adulta.

Antes de nos aprofundarmos sobre os transtornos de ansiedade, discutiremos algumas palavras sobre medos, preocupações e ansiedade que todos experimentamos e que são considerados normais, parte da nossa vida cotidiana.

Medos (considerados) normais

Medos fazem parte de uma vida normal, seja de uma criança pequena, de um adulto jovem ou de um idoso.

Sentir medo de estranhos e medo de se separar dos pais normalmente aparece em crianças por volta dos 6 a 9 meses de idade. A idade exata e a intensidade desses medos variam de criança para criança.

À medida que a criança cresce, outros medos, normais, emergem: medos de animais (por exemplo, cães) e insetos (por exemplo, aranhas), medo da água, medo do escuro e medo de monstros, fantasmas, personagens como a "Loira do banheiro", muitas vezes surgem na primeira infância e seguem durante a pré-adolescência.

Por volta do meio ao final da infância, a interação com outras crianças ganha importância crescente, com o aparecimento de um forte desejo de pertencimento e de se encaixar e se adaptar ao grupo social. Estas preocupações geralmente aumentam ao longo dos anos seguintes e atingem um pico na metade da adolescência, quando o que as outras crianças pensam dele se torna "a coisa mais importante do mundo".

O que é ansiedade?

Considera-se a ansiedade uma emoção normal, fundamental para nossa sobrevivência e funcionamento. Ela nos auxilia a evitar situações que são potencialmente ameaçadoras e perigosas, ela nos mantém protegidos dessas ameaças e perigos, além de nos preparar para eventos futuros. Ser submetido(a) a uma prova, ir para o primeiro dia de aula em uma nova escola, ir até à lousa na sala de aula e falar na frente dos colegas de classe podem desencadear formas consideradas normais de ansiedade em crianças e adolescentes, e que são úteis na preparação do jovem para o desafio que terá pela frente.

Na verdade, um certo nível de ansiedade é muitas vezes saudável: é o medo que nos alerta para não nos aproximarmos muito de um animal selvagem ou da beira de um penhasco.

Quando a ansiedade se torna um problema?
Qual a diferença entre ansiedade (considerada) normal e ansiedade patológica?

Se não fosse pela presença da ansiedade, provavelmente nós, seres humanos, não estaríamos vivos. Senti-la pode ser algo bom. A ansiedade ajuda na antecipação do perigo e na capacidade de olhar para a frente e pensar em situações futuras. Em uma intensidade razoável, tem papel de prevenção e proteção frente a inúmeras situações em nossas vidas (em situações de perigo real, de emergência e que podem incluir risco de morte, por exemplo). No entanto, quando se torna excessiva, extrema ou irracional, ela pode rapidamente se transformar de adaptativa em disfuncional. Em tais situações, pode causar considerável sofrimento emocional e interferir na capacidade do indivíduo em lidar com acontecimentos da vida cotidiana. Quando disfuncional, a ansiedade é considerada patológica. A ansiedade patológica está presente em todos os adolescentes e crianças diagnosticados com transtornos de ansiedade.

O sentimento de apreensão presente na ansiedade pode ser acompanhado de uma série de reações fisiológicas, comportamentais e psicológicas, todas presentes ao mesmo tempo. Em um nível fisiológico, a ansiedade inclui reações corporais como palpitações, tensão muscular, sudorese, boca seca ou enjoo. Do ponto de vista comportamental, a ansiedade contribui para o hábito de evitar situações cotidianas antes facilmente confrontadas. Psicologicamente, considera-se a ansiedade um estado subjetivo de apreensão e desconforto. Sua apresentação varia em formas e em níveis de intensidade, desde a sensação de uma simples pontada de desconforto até um ataque de pânico, surto de medo ou desconforto intenso de início abrupto, associado a sintomas físicos (palpitações, tremores, tontura, sudorese, sensações de falta de ar, de sufocamento), a desorientação, ao medo de morrer e/ou de ficar louco.

Questões descritas a seguir auxiliam a avaliar o quanto a ansiedade interfere na vida da criança ou do adolescente:

- A ansiedade experimentada é um problema para aquela criança, para aquele adolescente?
- Causa/traz dificuldades em sua vida?
- Impede de fazer coisas que gosta, de conviver com/fazer amigos?
- Atrapalha seu desempenho acadêmico?

Constatando-se que a ansiedade vivenciada pelo jovem interfere substancialmente em sua vida cotidiana, tornando-a disfuncional, ela é considerada patológica. A ansiedade patológica está presente em todos os adolescentes e crianças diagnosticados com transtornos de ansiedade.

Transtornos de ansiedade na infância e adolescência

O que é um transtorno de ansiedade?

A manifestação da ansiedade em crianças e adolescentes é bastante diversa. No entanto, sintomas ansiosos presentes em jovens diagnosticados com transtornos de ansiedade diferem de sintomas de ansiedade (considerados) normais em importantes aspectos: situações e atividades do dia a dia, como ir à escola, participar de festas do pijama ou acampar, fazer novos amigos em uma festa, podem provocar muita ansiedade em uma criança com transtorno de ansiedade. Na verdade, a reação exagerada da criança frequentemente surpreende os pais e cuidadores, uma vez que o fator desencadeador da ansiedade é muitas vezes um acontecimento considerado corriqueiro e normal da vida para uma criança daquela faixa etária.

Crianças com transtornos de ansiedade apresentam com frequência vários sintomas físicos "inexplicáveis". Comumente se queixam de dores de cabeça, de estômago, dor no peito, sensação de falta de ar, medo de ficar sufocado, de vomitar. Prestam muita atenção a tudo que sentem no corpo, acreditando, muitas vezes, que têm alguma doença grave. Tais medos/preocupações exageradas fazem com que as crianças pareçam doentes (ao menos fisicamente) para seus pais. Em consequência, ocorrem muitas idas à enfermaria da escola, muitas consultas com o pediatra (além de perda de aulas e de procedimentos médicos desnecessários).

Para o diagnóstico de um transtorno de ansiedade é fundamental a presença tanto da persistência como da consistência do quadro de sintomas ansiosos ao longo do tempo. Além disso, jovens com transtornos de ansiedade tendem a lidar com situações que os deixem ansiosos por meio da sua evitação. Quanto mais corriqueiras forem tais situações, maior o prejuízo funcional na vida deste jovem.

Em suma, podemos distinguir sintomas ansiosos presentes em transtornos de ansiedade da ansiedade (considerada) normal, presente no cotidiano, pela:

- Intensidade (por exemplo, por meio da presença de ataques de pânico).
- Maior duração (ansiedade que pode persistir por meses, em vez de desaparecer logo após a ocorrência de uma situação estressante).
- Desencadeamento/aparecimento de evitações de situações desencadeadas de ansiedade (esquivas fóbicas/fobias) que passam a interferir na vida do jovem.

Cinco exemplos de crianças e adolescentes com transtornos de ansiedade

Mateus*

Mateus, menino de 7 anos, estudante do primeiro ano do Ensino Fundamental, foi trazido por seus pais para avaliação. Há cerca de 2 meses, teve queda no rendimento escolar e, nos últimos 20 dias, passou a recusar-se a ir para a escola. Quando pressionado a ir, queixa-se de dor de barriga e enjoo, fica agitado e chora, acalmando-se apenas caso seja permitido faltar à escola. Ao ir para a escola, fica imaginando que algo ruim possa acontecer com sua mãe, como um acidente ou sequestro, e que nunca mais poderá vê-la. A preocupação é tão grande que chega a não prestar atenção na aula.

Vitória*

Vitória tem 16 anos. Ela relata ter um problema desde muito pequena. Começa a se sentir mal e desmaia assim que vê ou escuta algum relato sobre alguém sofrendo alguma lesão ou sangramento, particularmente quando há amputações de partes do corpo. Lembra-se que, desde quando tinha 6 anos, fazia um "escândalo" para colher exames de sangue no laboratório. Acabava sempre desmaiando.

Carolina*

Quando Carolina tinha 9 anos e cursava o quarto ano do Ensino Fundamental, foi encaminhada por sua escola para uma avaliação psicológica. À época, recusava-se a ler qualquer texto em voz alta para o resto de sua classe e ficava ruborizada quando a professora lhe perguntava algo. Conversava muito pouco com as outras crianças e tomava lanche sozinha no recreio. Fora da escola, sua convivência estava restrita a seus pais, irmãos, duas primas e uma única amiga. Até hoje, quando há visitas em sua casa, inclusive seus avós, Carolina "esconde-se" em seu quarto. Recusa-se a ir a festas de aniversário e a fazer educação física.

---

* Nomes fictícios.

Rodrigo*

Rodrigo, menino de 12 anos, filho único, cursa, atualmente, o sétimo ano do Ensino Fundamental. Sem nunca ter sentido algo semelhante no passado, passou a apresentar, 6 meses antes do primeiro atendimento, dificuldade em frequentar a escola após briga de pequenas proporções entre colegas. Relata que, antes de se arrumar para o colégio, passou a apresentar suor nas mãos, sensação de angústia intensa, dores de barriga e cabeça, enjoo, tonturas, mal-estar generalizado e pensamentos sobre a possibilidade de passar mal na escola e de os colegas discutirem novamente com ele. Preocupações com a mãe tornaram-se frequentes. Ficava preocupado que algo ruim pudesse acontecer com ela fora de casa, como se envolver em algum acidente, ser atropelada ou assaltada. Quando vinham os pensamentos, não conseguia assistir à TV, fazer as tarefas da escola e brincar, e ficava andando de um lado para o outro, entrando e saindo de casa. Mesmo fora da escola, tem se queixado, quase diariamente, de dores pelo corpo.

Júlia*

Júlia, 17 anos, foi trazida por sua mãe para uma primeira consulta quando cursava o segundo ano do Ensino Médio. Queixava-se que, de uma hora para outra, em seu trajeto de metrô para o colégio, começou a ter sensações corporais que nunca havia sentido: mãos suadas, coração disparado, suor frio, falta de ar e sensação de que estava morrendo. Achava que estava tendo um ataque do coração. As mesmas sensações físicas começaram a voltar a todo momento (até 3 vezes na mesma semana). Júlia passou a evitar sair de casa e, principalmente, pegar metrô, por medo de passar mal outra vez.

Quais são os tipos de transtorno de ansiedade?

A seguir são descritos os diversos transtornos ansiosos de acordo com a 5ª edição do *Manual diagnóstico e estatístico de transtornos mentais* (DSM-5; APA, 2014).

Em relação à edição anterior, tanto o transtorno obsessivo-compulsivo como o transtorno do estresse pós-traumático deixam de ser conside-

---

* Nomes fictícios.

rados como parte do capítulo dos transtornos de ansiedade. Passam a ser classificados em capítulos próprios.

Transtorno de ansiedade de separação

Caracteriza-se por uma ansiedade excessiva em relação ao afastamento dos pais ou seus substitutos, não adequada ao nível de desenvolvimento. Os sintomas causam sofrimento intenso e prejuízos significativos em diferentes áreas da vida da criança ou do adolescente e devem estar presentes por, no mínimo, quatro semanas.

As crianças ou os adolescentes, quando sozinhos, temem que possa acontecer a seus pais ou a si mesmos adversidades, como doenças, acidentes, sequestros, assaltos ou outras situações que os afastem definitivamente de seus pais. Como consequência, apegam-se excessivamente a seus cuidadores, não permitindo seu afastamento. Em casa, resistem a dormir, necessitando de companhia constante. Frequentemente, têm pesadelos que versam sobre seus temores de separação. A recusa a frequentar a escola também é comum nesses jovens. A criança deseja ir à escola, demonstra boa adaptação prévia, mas apresenta intenso sofrimento quando necessita afastar-se de casa. Estes mesmos sintomas, comumente, são acompanhados de manifestações somáticas de ansiedade (dor abdominal, dor de cabeça, náusea, vômitos, palpitações, tontura e sensação de desmaio). Eles prejudicam a autonomia da criança/adolescente e podem restringir suas atividades acadêmicas, sociais e familiares, gerando grande estresse pessoal e familiar.

Fobias específicas

As fobias específicas (FE) caracterizam-se pela presença de medo excessivo e persistente relacionado a um determinado objeto, animal, atividade ou a uma determinada situação que não seja uma situação de exposição pública ou medo de ter um ataque de pânico. Frente ao estímulo fóbico, a criança procura correr para perto de um dos pais ou de alguém que a faça sentir-se protegida. Pode apresentar reações de choro, desespero, imobilidade, agitação psicomotora ou até mesmo um ataque de pânico. Os sintomas devem estar presentes por pelo menos 6 meses.

Dentre as FE mais comuns na infância, destacam-se as de pequenos animais, injeções, escuridão, altura e ruídos intensos.

As FE diferenciam-se dos medos normais da infância por constituírem uma reação excessiva e pouco adaptada, que foge do controle, leva a reações de fuga, é persistente e causa comprometimento no funcionamento da criança.

Transtorno de ansiedade social (fobia social)

O transtorno de ansiedade social em crianças e adolescentes caracteriza-se por um medo persistente e intenso em situações em que a pessoa julga estar exposta à avaliação de outros ou se comportar de maneira humilhante ou vergonhosa. Em jovens, a ansiedade pode ser expressa por choro, acessos de raiva ou afastamento de situações sociais em que haja pessoas não familiares. Para que seja feito o diagnóstico, o hábito de evitar situações ou a ansiedade devem interferir significativamente no funcionamento da criança e os sintomas devem estar presentes por pelo menos 6 meses.

Jovens com ansiedade social relatam desconforto em inúmeras situações: falar em sala de aula, comer na cantina perto dos colegas, ir a festas, escrever na frente dos outros, usar banheiros públicos, dirigir a palavra a figuras de autoridade como professores e treinadores, bem como conversar e brincar com outras crianças. Nessas situações há comumente a presença de sintomas físicos, como palpitações, tremores, falta de ar, ondas de calor e frio, sudorese e náusea.

Transtorno de ansiedade generalizada

Crianças e adolescentes com transtorno de ansiedade generalizada apresentam medos e preocupações exagerados e irracionais em relação a várias situações. Estão constantemente tensas e dão a impressão de que qualquer situação é ou pode ser provocadora de ansiedade. Preocupam-se muito com o julgamento de terceiros em relação a seu desempenho em diferentes áreas e precisam, o tempo todo e de forma exagerada, ser tranquilizados/confortados. Dificilmente relaxam, apresentam queixas somáticas sem causa aparente (cansaço constante, dificuldade para dormir) e sinais de hiperatividade autonômica (por exemplo, palidez, sudorese, taquipneia, taquicardia, tensão muscular e vigilância aumentada, "constante sensação de sobressalto").

O padrão de uma preocupação constante pode durar meses ou anos, e os pensamentos relacionados às preocupações são muito difíceis de ser controlados.

Transtorno do pânico e agorafobia

O transtorno do pânico (TP) é caracterizado pela presença de ataques de pânico (presença do medo intenso de morrer associado a inúmeros sintomas físicos, como palpitação, sudorese, tontura, falta de ar, dor no peito, dor abdominal, tremores), seguidos de preocupação persistente de vir a ter novos ataques. Alguns jovens preocupam-se em "perder o controle, ficar louco" ou ter um ataque cardíaco.

Crianças com TP podem ter ataques de pânico sem causa identificável ou associados à exposição a situações específicas. Pouco observado em crianças pequenas, sua frequência aumenta bastante no final da adolescência. É mais frequente em pessoas do sexo feminino em relação às do sexo masculino, em uma razão em torno de 2:1 (APA, 2023).

A agorafobia refere-se ao medo desencadeado pela exposição a locais de onde o escape imediato seja difícil ou nos quais o auxílio possa não estar disponível. Os indivíduos costumam evitar sair de casa ou dependem de um adulto para sair. Costumam também evitar locais em que possa haver multidões e locais fechados (Chiu et al., 2016).

Quadros agorafóbicos raramente têm início na infância e sua incidência atinge um pico na adolescência e início da idade adulta. Indivíduos do sexo feminino possuem uma probabilidade duas vezes maior de apresentar o transtorno em relação aos do sexo masculino (APA, 2023). Exemplos comuns de agorafobia em jovens incluem: ficar sozinho fora da casa (cujo diagnóstico diferencial é o transtorno de ansiedade de separação), viajar em um carro, ônibus ou avião, ou estar em uma aglomeração (exemplos: entrada/saída da escola, locais fechados como cinema, estádio de futebol). Muitas dessas situações agorafóbicas associam-se a um medo muito grande de se perder.

Em 30 a 50% dos pacientes com TP observa-se o desenvolvimento de agorafobia.

Mutismo seletivo

Crianças com mutismo seletivo (MS) recusam-se a falar em ambientes específicos. Podem falar em casa, mas não na escola ou na frente de pessoas desconhecidas. Podem se comunicar balançando a cabeça, escrevendo ou emitindo sons ao invés de falar. Muitas dependem de amigos e pais para falarem por elas em ambientes sociais. Prejuízos associados ao MS incluem: participação reduzida em aulas, baixo desempenho acadêmico e isolamento dos colegas. Os sintomas devem persistir por 1 mês e não podem ser limitados ao primeiro mês de escola. A ausência de fala não pode ser decorrente de uma incapacidade física para falar, da falta de familiaridade com a língua e não pode ser melhor explicada por um transtorno de comunicação, como retenção da fala para evitar gagueira, transtorno invasivo do desenvolvimento, esquizofrenia ou psicose.

A idade média de início se situa entre 2 e 5 anos de idade, mas os sintomas podem se tornar mais evidentes apenas quando a criança passa a frequentar a escola pela primeira vez. O quadro tem uma duração média de 8 anos e maior prevalência em meninas em relação aos meninos, em uma razão de 2:1 (APA, 2023).

Os transtornos de ansiedade são comuns em crianças e adolescentes?

Prevalência

Os transtornos de ansiedade são os quadros psiquiátricos mais comuns com início na infância e na adolescência. Estudos epidemiológicos sugerem que os transtornos de ansiedade em crianças e adolescentes estão associados a prejuízo significativo, com estimativas de prevalência que variam entre 10 e 30%. Meninos e meninas são igualmente afetados na infância e, após a puberdade, as meninas parecem ser mais comumente afetadas que os meninos (Costello et al., 2005; Kessler et al. 2012; Merikangas et al., 2010).

Recentemente, evidências clínicas e de pesquisas sugerem um aumento de taxas de ansiedade em crianças e adolescentes durante a pandemia da covid-19. Em uma metanálise de 29 estudos, incluindo 80.879 participantes, as estimativas de prevalência de sintomas de ansiedade clinicamente significativos foram de 20,5% (Racine et al., 2021).

Na infância, fobias específicas e o transtorno de ansiedade de separação são os quadros mais comuns, diminuindo na adolescência, período em que a frequência do transtorno de ansiedade social aumenta. As taxas de transtorno de ansiedade generalizada crescem ao longo da adolescência, ao passo que o transtorno de pânico inicia-se raramente antes deste período.

Os transtornos de ansiedade em crianças raramente ocorrem de forma isolada. Muitas crianças diagnosticadas com um transtorno de ansiedade frequentemente apresentam sintomas de outros transtornos de ansiedade. Além disso, muitas crianças satisfazem critérios para ao menos um segundo transtorno de ansiedade (Costello et al., 2005).

Comorbidades

Apesar de número restrito de estudos, sugere-se que crianças com transtorno de ansiedade têm maior probabilidade de serem diagnosticadas com um segundo transtorno de ansiedade ou transtornos múltiplos. Em um estudo multicêntrico realizado nos Estados Unidos com 488 jovens entre 7 e 17 anos, portadores de transtornos de ansiedade, observou-se que TAS, TAG e transtorno de ansiedade de separação ocorrem concomitantemente em quase 60% dos pacientes (Walkup et al., 2008).

Os transtornos de ansiedade podem ocorrer junto a outras condições clínicas emocionais ou comportamentais, tais como (Costello et al., 2005; Kendall et al., 2001):

- Depressão: de forma semelhante a adultos acometidos por transtornos de ansiedade, jovens ansiosos também apresentam altas taxas de depressão comórbida. Crianças e adolescentes com ansiedade e depressão têm um prognóstico significativamente pior a longo prazo do que aqueles com um transtorno de ansiedade isolado, incluindo risco de suicídio maior que o esperado para a faixa etária.
- Uso de substâncias: jovens com ansiedade social e transtorno do pânico têm risco aumentado para abuso de substâncias.
- Déficit de atenção e hiperatividade: entre 20 e 40% das crianças e adolescentes com transtorno de déficit de atenção e hiperatividade apresentam comorbidade com transtornos de ansiedade.
- Os transtornos de ansiedade frequentemente coocorrem com transtornos psiquiátricos na infância e adolescência, particularmente com o transtorno de déficit de atenção e hiperatividade, o transtorno desafiador de oposição, transtornos de linguagem, dificuldades de aprendizagem e transtornos depressivos.

Quais as causas dos transtornos de ansiedade na infância e adolescência?

Apesar dos progressos consideráveis do conhecimento sobre a detecção, o diagnóstico e os tratamentos dos transtornos de ansiedade na infância e adolescência (TAIA), ainda há muito a descobrir a respeito dos fatores implicados na etiologia de tais transtornos mentais.

Nas últimas décadas, uma série de fatores de risco biológicos, ambientais e de desenvolvimento para os transtornos ansiosos foram identificados. No entanto, muito pouco foi esclarecido sobre as maneiras como esses fatores interagem entre si de modo a levar ao desenvolvimento de um transtorno ansioso (Strawn et al., 2021).

Aspectos genéticos, neurobiológicos e ambientais

Situações de pressão, estresse ou trauma acontecem ao longo da vida de qualquer pessoa. No entanto, nem todo mundo desenvolve um transtorno de ansiedade. Em muitos casos, os genes podem desempenhar um papel crucial no desenvolvimento (ou não) de um transtorno de ansiedade. Certas variações genéticas podem predispor uma pessoa à ansiedade. Entretanto, tal predisposição pode não se manifestar até ser despertada por intensa situação estressante ou traumática. Assim, a manifestação de um transtorno de ansiedade pode depender de uma interação entre genes e ambiente.

Pesquisas realizadas com famílias demonstram que filhos de adultos com transtornos de ansiedade têm um risco aumentado de também apresentar um transtorno de ansiedade, apontando a hereditariedade como um fator importante no desenvolvimento de transtornos de ansiedade. Tais estudos sugerem que os genes representam pelo menos um terço da variância no desenvolvimento destes tipos de transtorno. Hereditariedade para transtornos de ansiedade em crianças e adolescentes varia de 36 a 65%, com as maiores estimativas encontradas em crianças mais jovens com transtornos de ansiedade. Como consenso atual sobre a genética dos transtornos de ansiedade, sugere-se que o que é herdado é uma predisposição geral para a ansiedade (Bolton et al., 2006; Eley et al., 2008; Creswell et al., 2020).

Como exemplo de pesquisas com genes específicos associados aos transtornos ansiosos, pode-se citar a associação entre transtornos de ansiedade e o gene transportador da serotonina 5-HTT. Tal gene auxilia na regulação da concentração da serotonina presente em tecidos cerebrais (pesquisas mostram que uma variação desse gene é mais frequente em indivíduos com transtorno de ansiedade generalizada em relação à população geral, além de estar associada à baixa produção da serotonina). Uma série de outros genes também se relaciona aos transtornos de ansiedade. Estes incluem variações genéticas ligadas ao transtorno do pânico, agorafobia, fobias específicas e transtorno de ansiedade social (Binder, 2012; Wilson et al., 2011).

Além do possível risco hereditário, certos fatores de aprendizagem e ambientais também estão implicados no desenvolvimento da ansiedade em crianças. Frequentemente, fatores estressantes ambientais coincidem com o desenvolvimento de sintomas ansiosos clinicamente significativos. A morte de um parente, alguma doença, mudança de casa/de cidade ou mudança para uma nova escola, por exemplo, são situações comumente relatadas pelos pais de crianças com transtorno de ansiedade social. Assim, em uma criança vulnerável, tais situações/mudanças provavelmente intensificam a ansiedade (Lau et al., 2006).

Outro fator ambiental importante associado ao desenvolvimento da ansiedade em crianças relaciona-se ao estilo dos pais. Comportamentos ansiosos, superprotetores ou excessivamente críticos exercidos pelos pais podem contribuir para o desenvolvimento de ansiedade patológica em crianças. Pais superprotetores que reforçam os perigos do mundo exterior podem levar ao desenvolvimento de ansiedade nas crianças. Pais ou cuidadores ansiosos e superprotetores são menos propensos a encorajar e estimular comportamentos corajosos e exploratórios de seus filhos. Assim, acabam, involuntariamente, reforçando/intensificando ou mantendo comportamentos ansiosos e de evitação destes (Borelli et al., 2015).

Além de estudos sobre fatores genéticos e ambientais nos transtornos de ansiedade em jovens, aspectos do temperamento de crianças têm sido relacionados a quadros patológicos de ansiedade. A partir do final dos anos 1980, o psicólogo americano Jerome Kagan et al. descreveram a relação entre o temperamento na infância e o desenvolvimento posterior de transtornos de ansiedade. Identificaram bebês e crianças altamente reativos que apresentavam inibição de comportamento e reagiam com apreensão a qualquer novidade. As primeiras reações às situações não familiares tendiam a ser gestos de evasiva, de aflição. Cunhou-se, assim, o termo inibição do comportamento para caracterizar o temperamen-

14 Ansiedade na infância e adolescência

to dessas crianças. Estudos de associações com psicopatologia têm sido realizados em milhares de crianças com inibição de comportamento. Tal temperamento inibido tem sido consistentemente associado a transtornos de ansiedade, incluindo o transtorno de ansiedade de separação, fobias e, principalmente, o transtorno de ansiedade social (crianças inibidas apresentam probabilidade sete vezes maior de apresentar transtorno de ansiedade social que crianças não inibidas) (Degnan et al., 2010; Sandstrom et al., 2020).

Por fim, outros fatores neurobiológicos parecem estar implicados na etiologia dos transtornos de ansiedade em crianças e adolescentes. Como exemplo, estudos de neuroimagem em adolescentes com transtornos de ansiedade demonstram aumento da ativação da amígdala em comparação a adolescentes não ansiosos, quando da exposição a estímulos desencadeadores de ansiedade. Além disso, adolescentes ansiosos mantêm a hiperativação da amígdala ao longo do tempo, em vez de mostrar atenuação do efeito, como observado em adolescentes não ansiosos. De forma semelhante, observou-se a associação entre o temperamento de crianças (comportamento inibido) e a hiperativação da amígdala (Pine et al., 2010; Blackford e Pine, 2012).

Perguntas e dúvidas frequentes dos pais

- Meu filho (minha filha) tem um transtorno de ansiedade. E agora?...
- O que nós, pais, devemos fazer?
- Como/por que esse problema apareceu?
- Como que outras crianças não têm esse tipo de problema?
- Esse problema é genético?
- É nossa culpa? Foi algo que nós fizemos?

Os transtornos de ansiedade em jovens são problemas de saúde mental complexos, não causados por um único fator e, sim, relacionados a múltiplas causas, que incluem, além de aspectos ambientais, aspectos genéticos e neurobiológicos muito importantes.

Apesar de não haver cura para os transtornos de ansiedade, há tratamentos eficazes que podem reduzir significativamente a ansiedade e devem ser adequados de acordo com o tipo de transtorno, a gravidade de seus sintomas e as possíveis comorbidades (depressão, uso de substâncias, transtorno do déficit de atenção e hiperatividade [TDAH], outros transtornos de ansiedade comórbidos).

Vários fatores podem contribuir para níveis patológicos de ansiedade de uma criança, fatores internos e biológicos, além de externos e ambientais. No entanto, não há uma resposta clara sobre a razão pela qual certos jovens sofrem com altos níveis de ansiedade, enquanto outros não. Algumas crianças parecem já nascer com tendência a serem mais ansiosas, por meio de uma combinação de características herdadas geneticamente. No presente, há consenso entre pesquisadores de que não há um "gene único da ansiedade".

Entre os fatores associados à ansiedade patológica experimentada por um jovem, pesquisas reforçam a relação entre a presença de transtornos de ansiedade em jovens e certas características de seus pais (como níveis de ansiedade dos próprios pais, bem como comportamentos de superproteção em relação aos filhos):

- Crianças com altos níveis de ansiedade tendem a ter pais que se descrevem como ansiosos ou que foram diagnosticados com transtorno de ansiedade.
- Pais com histórico de transtornos de ansiedade têm maior probabilidade do que outros pais de ter pelo menos um filho com sintomas de ansiedade.

Tais informações significam que "pais ansiosos são a causa de filhos ansiosos"?

A resposta é não. Os pais NÃO são culpados pela ansiedade de seus filhos. Isso significa somente que existe uma relação estatística entre esses dois fatos, não uma relação causal, que um fato tenha causado o outro. Além disso, uma observação clínica proveniente de atendimentos rotineiros de crianças ansiosas exclui qualquer base razoável para culpar os pais pelo problema de ansiedade dos seus filhos. Comumente, os mesmos pais, que têm filhos altamente ansiosos, têm outros filhos que não são ansiosos e que não apresentam quaisquer sintomas ansiosos considerados patológicos.

E se nada for feito?

Como qualquer outro problema de saúde, os transtornos de ansiedade tendem a piorar se não houver tratamento adequado. A chance de os sintomas ansiosos regredirem ou desaparecerem de forma espontânea é bastante pequena.

Como consequência do desconforto e do incômodo causados pela ansiedade, as crianças frequentemente passam a evitar determinados eventos associados a ela. Assim, experimentam menos oportunidades de aprender que tais situações não são realmente perigosas. Perdem, consequentemente, a chance de se habituar a essas situações. Em muitos casos, se não forem tratados, os transtornos de ansiedade piorarão progressivamente, tornando-se mais graves e levando a mais prejuízos no funcionamento na vida do jovem como de sua família.

Não tratar um jovem com transtorno de ansiedade pode acarretar uma série de complicações, como:

- Recusa escolar: presente em jovens com transtornos de ansiedade de separação, de ansiedade social, de ansiedade generalizada.
- Isolamento social: comum em quadros de ansiedade social e agorafobia.
- Depressão: a presença de um transtorno de ansiedade aumenta a chance do desenvolvimento de quadros depressivos.
- Abuso de substâncias: o adolescente pode recorrer a substâncias que reduzam a ansiedade (como o álcool, por exemplo), principalmente em situações que causem desconforto com exposição social. O abuso do álcool pode levar ao vício e a malefícios relacionados.
- Doenças não psiquiátricas: coexistência de quadros ansiosos com várias doenças não psiquiátricas, como doenças da tireoide, hipoglicemia e doenças gastrointestinais.

Como os transtornos de ansiedade na infância e adolescência são tratados?

Diretrizes gerais de tratamento

Dados recentes da literatura indicam que a terapia cognitivo-comportamental (TCC) e o tratamento medicamentoso com os inibidores seletivos de recaptação da serotonina (ISRS) são os tratamentos de escolha baseados em evidências científicas para crianças e adolescentes com transtornos de ansiedade. Ambas as modalidades de tratamento se mostraram mais eficazes que o tratamento com placebo. Quando utilizados em combinação (TCC + ISRS), a eficácia, além de ser superior ao placebo, é maior que a das intervenções com TCC (como monoterapia) ou ISRS (como monoterapia) (Walkup et al., 2008).

A elaboração do plano de tratamento deve levar em conta a gravidade dos sintomas relacionados ao transtorno ansioso e o grau de comprometimento apresentado pelo indivíduo, além do impacto de transtornos comórbidos.

Tida como consenso entre clínicos e pesquisadores, considera-se a TCC como a primeira escolha terapêutica para crianças e adolescentes com sintomas ansiosos leves ou moderados. Em casos mais graves, com comprometimento significativo de atividades diárias, ou ainda em situações em que a resposta à TCC tenha sido insuficiente ou inexistente, opta-se pela substituição do tratamento com um ISRS ou pela associação do tratamento medicamentoso à TCC. Em casos extremamente graves ou incapacitantes, muitas vezes associados a comorbidades como a depressão, recomenda-se a combinação entre a TCC e um ISRS (Rynn et al., 2011; Rapp et al., 2013; Connolly et al., 2007; 2011).

Tratamentos eficazes: a terapia farmacológica e a terapia cognitivo-comportamental

Tratamento farmacológico

Os antidepressivos e os ansiolíticos são as classes de medicações mais utilizadas para o manejo dos transtornos de ansiedade em crianças e adolescentes. Entre os antidepressivos, destacam-se os inibidores seletivos da recaptação de serotonina (ISRS), os inibidores seletivos da recaptação de serotonina e noradrenalina (IRSN) e os antidepressivos tricíclicos (ADT). Os ISRS utilizados em crianças e adolescentes incluem a fluoxetina, a sertralina, a fluvoxamina e o escitalopram. Os IRSN incluem a venlafaxina e a duloxetina. Os ADT são representados pela clomipramina, imipramina e nortriptilina.

Em um estudo de metanálise e revisão sistemática que avaliou a eficácia de tratamentos farmacológicos e psicológicos para os TAIA, Wang et al. concluíram que os ISRS e os IRSN mostraram-se eficazes na redução de sintomas de ansiedade em jovens, enquanto os ADT e os benzodiazepínicos tiveram efeito ansiolítico limitado, quando utilizados na mesma população (Wang et al., 2017). Recentemente, nova metanálise (*"network metanalysis"*) mostrou que a resposta positiva ao tratamento farmacológico de jovens com transtornos ansiosos era mais provável com os ISRS que com os IRSN (Dobson et al., 2019).

Considera-se, assim, os ISRS como tratamento farmacológico de primeira linha para crianças e adolescentes com transtornos de ansiedade. Os IRSN e os ADT (particularmente a clomipramina), embora também demonstrem eficácia no tratamento de transtornos de ansiedade pediátricos, associam-se a efeitos colaterais menos facilmente tolerados em comparação com os ISRS. São, pois, geralmente utilizados como tratamentos de segunda ou terceira linha.

Quando presentes, os principais efeitos colaterais associados aos ISRS e aos IRSN costumam ser: desinibição, agitação, aumento de habilidade emocional e piora dos sintomas de ansiedade no início do tratamento (efeitos colaterais psiquiátricos), além de efeitos físicos como dores de cabeça, desconforto gástrico e alterações de sono (Rynn et al., 2011; Shelton, 2006). Salienta-se que, a maioria desses efeitos adversos desaparece com a adaptação à medicação utilizada.

Já os antidepressivos tricíclicos, como clomipramina, imipramina e amitriptilina, possuem perfil muito adverso de efeitos colaterais, em grande parte provocados por sua ação anticolinérgica, cardiotoxicidade e ação em membranas celulares, tornando-os pouco tolerados e perigosos em caso de superdosagem (Harmer et al., 2017; Connoly et al., 2007; Rynn et al., 2011).

Antes da introdução da medicação escolhida, linhas gerais para o tratamento psicofarmacológico de crianças e adolescentes devem ser consideradas.

Em crianças, inicia-se com a menor dose possível/disponível. Após 1 semana, assumindo-se que haja uma boa tolerância à medicação, a dose pode ser aumentada gradativamente até uma dose terapêutica inicial. Se os sintomas não regredirem após 6 a 8 semanas, a dose é aumentada gradativamente e testada, até que a dose máxima seja atingida ou que haja efeitos colaterais pouco toleráveis. Ressalta-se que os antidepressivos geralmente requerem dosagens semelhantes às utilizadas em adultos, em decorrência do metabolismo rápido observado em crianças.

Terapia cognitivo-comportamental

Embora as psicoterapias psicodinâmicas sejam geralmente aceitas como abordagem de tratamento para jovens ansiosos, em grande parte pela descrição de casos não controlados, a TCC é o único tratamento não medicamentoso que tem sólido embasamento científico, o que a torna o tratamento psicoterápico de escolha para transtornos de ansiedade em crianças e adolescentes.

A terapia comportamental objetiva a mudança de comportamentos. Reduz, por conseguinte, pensamentos e sentimentos que causam angústia/ansiedade. A terapia cognitiva visa, inicialmente, a mudança de pensamentos e sentimentos; por sua vez, mudanças no comportamento ocorrem como consequência à mudança de pensamentos e sentimentos.

A TCC é uma abordagem integrativa, que parte do princípio que tanto os processos cognitivos quanto os comportamentais podem causar e manter a ansiedade. Dificuldades comportamentais e outros sintomas dos transtornos são frequentemente resultados de interações disfuncionais entre pensamentos, sentimentos e comportamentos.

A TCC, técnica psicoterápica que reúne maior número de evidências em termos de eficácia, pode ser aplicada tanto individualmente como em grupo.

A seguir, são descritos os componentes da TCC (Tiwari et al., 2010).

Psicoeducação

O primeiro estágio do tratamento visa construir uma relação marcada pela empatia e assegurar que a criança entenda a natureza dos sentimentos, dos pensamentos e dos sintomas. Esse entendimento é particularmente importante para as crianças pequenas, pois podem ainda não ter um senso de como seus pensamentos, suas sensações e seus sintomas estão ligados, podendo apresentar problemas para diferenciar os estados emocionais.

A base para a psicoeducação é que os jovens terão mais capacidade de lidar com sua ansiedade se estiverem experimentando os sintomas e discernirem a ansiedade de outros estados ou outras emoções.

Relaxamento

O relaxamento pode ser implementado para ajudar as crianças a desenvolverem a compreensão e o controle sobre suas reações fisiológicas e musculares (isto é, as crianças precisam aprender como seus corpos se sentem quando elas estão tensas ou ansiosas versus quando estão calmas ou relaxadas).

Reestruturação cognitiva

A reestruturação cognitiva, normalmente, consiste em identificar o pensamento por trás da emoção negativa, procurar evidências para o pensamento, avaliar o pensamento e examinar as consequências do evento temido.

A avaliação precisa e a conceituação dos pensamentos disfuncionais são muito valiosas. O objetivo da reestruturação cognitiva não é sugerir que as percepções do estresse desaparecerão para sempre, mas poder aprender novos recursos para lidar com elas.

Resolução de problemas

O ensino da resolução de problemas tem como objetivo global treinar as crianças para verem as "catástrofes" como nada além de problemas a serem resolvidos e desenvolver a confiança em suas próprias habilidades para que ajudem a si mesmas no enfrentamento dos desafios diários.

Modelagem

A modelagem deriva suas raízes conceituais do paradigma da aprendizagem social, no qual o comportamento não temeroso é demonstrado em situações que produzem medo para ilustrar respostas apropriadas para a criança. Como resultado, o medo pode ser reduzido e habilidades apropriadas, adquiridas.

Procedimentos baseados em exposição

O componente comportamental da TCC tem seu fundamento nas práticas baseadas em exposições. As tarefas de exposição colocam o jovem em uma experiência que evoca medo, na imaginação ou in vivo, para ajudá-lo a se habituar à situação geradora de ansiedade e para fornecer oportunidades para a prática de suas habilidades de confronto dentro de situações simuladas ou reais. As tarefas de exposição podem ser conduzidas em medidas graduadas ou contínuas. Os programas de tratamento da TCC, geralmente, incorporam a exposição gradual, o que exige que o terapeuta e a criança criem uma lista de situações temidas em uma hierarquia que vai da menor para a maior situação de ansiedade. Com o tempo, a exposição gradual ajuda a criança a acumular experiência sobre experiência e a desenvolver um senso de domínio e competência.

O papel dos pais

Os pais podem colaborar muito na terapia de seus filhos. Além de trazerem informações passadas e presentes, podem ser envolvidos no tratamento, auxiliando em sua condução e nas atividades relacionadas a ele.

Há também a possibilidade de os pais participarem do tratamento de seus filhos em sessões de terapia familiar, bem como em intervenções específicas, por exemplo, "o treinamento de pais" (visa lidar com a sintomatologia de seus filhos).

O programa SPADA como modelo de terapia cognitivo-comportamental para crianças e adolescentes ansiosos

O programa SPADA para jovens ansiosos, descrito na segunda parte deste programa, utiliza técnicas da TCC. É o primeiro programa de tratamento cognitivo-comportamental para transtornos de ansiedade desenvolvido para a população pediátrica brasileira.

O programa, desenhado para as necessidades de nossa cultura, consiste em 16 sessões de terapia para o tratamento de transtornos de ansiedade em crianças e adolescentes. Combina técnicas da terapia cognitiva (reestruturação cognitiva, resolução de problemas) e da terapia comportamental (exposições, treino de respiração e relaxamento).

O SPADA para crianças atende jovens entre 7 e 11 anos, enquanto a versão para adolescentes, jovens entre 12 e 18 anos.

Pode ser utilizado tanto individualmente como em grupo. Recomenda-se que as sessões individuais tenham a duração de uma hora e as sessões grupais, de uma hora e meia.

Objetivos do programa SPADA incluem:

- Compreensão, por parte da criança ou do adolescente, do que é ansiedade, como diferenciar a ansiedade considerada normal daquela tida como excessiva.

22 Ansiedade na infância e adolescência

- Percepção dos gatilhos que a disparam.
- Utilização de estratégias (cognitivas e comportamentais) para lidar com os sintomas de ansiedade, a fim de minimizá-los ou torná-los mais fáceis de manejar.

O programa contempla alguns aspectos importantes:

- Conscientização das reações corporais na presença da ansiedade.
- Treino de relaxamento progressivo e respiração.
- Identificação de sentimentos, em particular daqueles que estão presentes em momentos de ansiedade.
- Identificação de pensamentos (que estão presentes em momentos de ansiedade), detecção de sua veracidade e substituição por pensamentos mais adequados.
- Resolução de problemas.
- Exercícios para casa, com o intuito de aplicar as habilidades adquiridas.
- Práticas de exposição gradual, para aprender a enfrentar as situações geradoras de ansiedade.
- Aprendizagem de novas formas de pensar e se comportar em situações geradoras de ansiedade.

Nos capítulos seguintes, segunda parte desta obra, o programa SPADA será exposto em suas duas versões: a primeira para crianças, seguida pela versão para adolescentes.

Antes do início do programa SPADA... algumas palavras para os pais

Antes de tudo, a motivação de seu filho, de sua filha, é essencial para o sucesso deste programa de tratamento.

Experimentar algo novo é muito difícil para crianças/adolescentes ansiosos. Tendem a esperar pelo pior: "vai ser difícil", "vão me forçar a fazer coisas que eu tenho muito medo", "não vou conseguir enfrentar". Assim, a sua ajuda para incentivá-lo/incentivá-la a participar do programa, a persistir frente às dificuldades em enfrentar a própria ansiedade, será fundamental. Sem a sua participação e comprometimento com o tratamento não há como o programa ser bem-sucedido.

É importante ressaltar que este programa de tratamento não eliminará toda a ansiedade experimentada pelo seu filho, pela sua filha, em certas situações (ex.: ter medo de andar sozinho em uma rua escura, de madrugada). Com a finalização do tratamento, pretende-se ensinar habilidades para que o(a) jovem administre os momentos de ansiedade considerados "exagerados", fazendo com que estas situações deixem de atrapalhar/impedir que este(a) jovem leve uma vida saudável, com mais liberdade e autonomia.

CAPÍTULO 2

SPADA: Programa de intervenção cognitivo-comportamental

Crianças

Programa de sessões

- Sessão 1: Psicoeducacional com a presença dos pais, 28
- Sessão 2: Sensações físicas desagradáveis da ansiedade, 31
- Sessão 3: Conhecendo seu corpo, 38
- Sessão 4: Como seu corpo reage à ansiedade, 42
- Sessão 5: Aprendendo a respirar e a relaxar, 46
- Sessão 6: Reconhecendo e identificando sentimentos, 49
- Sessão 7: Reconhecendo e identificando sentimentos, 53
- Sessão 8: O que ou quem deixa as crianças ansiosas?, 58
- Sessão 9: O que estou pensando?, 65
- Sessão 10: Identificando, questionando e modificando os pensamentos da nuvem de ansiedade, 71
- Sessão 11: O que devo fazer?, 76
- Sessão 12: Desejos alcançados e recompensas, 82
- Sessão 13: Sessão com os pais, 86
- Sessão 14: Praticando o programa SPADA para detonar a ansiedade, 89
- Sessão 15: Praticando o programa SPADA para detonar a ansiedade, 92
- Sessão 16: Sessão com os pais e a criança – Alta e prevenção de recaída, 96

Sessão 1 — Psicoeducacional com a presença dos pais

Os objetivos do terapeuta nesta sessão com os pais (ou responsáveis) e a criança são:

- Conhecer a criança e seus pais. Se o atendimento for em grupo, conhecer o grupo.
- Esclarecer sobre o transtorno de ansiedade que a criança tem e as suas manifestações.
- Orientar sobre a técnica de externalização. Nessa técnica, os pais são orientados a separar o transtorno da criança, ou seja, externalizar o transtorno.

Formaremos uma equipe: médico, psicólogo, pais e a criança, para lutarmos contra a ansiedade.

- Explicar e orientar sobre o programa de tratamento e o modelo de Terapia Cognitivo-Comportamental (TCC).
- Enfatizar que é um trabalho em conjunto entre a criança e o terapeuta, ressaltando a importância da presença nas sessões.
- Ressaltar a importância da colaboração dos pais no tratamento para que a criança faça os exercícios práticos em casa.
- Levar a criança a sentir-se confortável com o terapeuta, encorajando sua participação durantes as sessões.

Os primeiros minutos da sessão são reservados para que a criança, os pais (ou responsáveis) e o terapeuta se apresentem numa conversa informal. O terapeuta procura saber por que procuraram o atendimento e quais as expectativas trazidas por eles. Nesta etapa, a criança e seus pais poderão trazer informações que auxiliem o tratamento, por exemplo: como a ansiedade limita a vida da criança, o que ela deixa de fazer em razão da ansiedade, quais sintomas físicos e psicológicos a criança tem, quais as reações dos pais, quando a criança evita o que a deixa ansiosa, nervosa ou com medo.

O terapeuta deve fornecer a eles informações sobre a ansiedade e como ela se manifesta. Por meio de exemplos, ele pode demonstrar que sentir ansiedade é normal e ajuda a melhorar o desempenho; porém, se a ansiedade estiver muito intensa ou contínua, pode ser prejudicial. Ao falar sobre ansiedade normal e ansiedade patológica, bem como de seus principais sinais e sintomas, explica-se os principais tipos de transtornos de ansiedade e características de cada um. O paciente e seus pais podem dar exemplos de sintomas que já tenham experienciado.

O terapeuta fornece as informações sobre tratamento, tipo de terapia, duração e resultado esperado. Ele deve explicar que a Terapia Cognitivo-Comportamental atua na relação entre os pensamentos, os sentimentos e os comportamentos e que a ideia é trabalhar e mudar os pensamentos que estão distorcidos. No caso da ansiedade, o objetivo central é diminuir a catastrofização (quem catastrofiza acha que, entre várias possibilidades, a pior de todas é a que irá acontecer).

Após a finalização da sessão com os pais, a sessão seguinte é para a criança e o terapeuta.

O programa SPADA

O programa SPADA infantil foi desenvolvido para ajudar crianças a aprenderem importantes habilidades e técnicas para lidar com a ansiedade. O simbolismo do manual se refere aos seguintes passos:

- **S** = *Sensações* físicas e sentimentos desagradáveis são pistas importantes para você saber quando está ansioso.
- **P** = *Pensamentos* da nuvem da ansiedade são responsáveis por você ficar nervoso, preocupado ou com medo. (Como detetive dos pensamentos, você investigará esses pensamentos e se perguntará se são verdadeiros ou se são as mentiras da ansiedade.)
- **A** = *Atitudes* e ações que podem ajudar. (Agora como detetive dos comportamentos, você descobrirá quais comportamentos fazem mal e quais comportamentos você deve ter, aqueles comportamentos que ajudam.)
- **DA** = *Desejos alcançados*. Com a SPADA da liberdade, você conseguirá sair da prisão da ansiedade, ficar livre das sensações físicas e sentimentos desagradáveis, dos pensamentos da nuvem da ansiedade e conseguirá fazer tudo que quiser e precisar.

Sessão 2

Sensações físicas desagradáveis da ansiedade

1 Introdução

Você sente muito medo de:
(   ) Monstros
(   ) Fantasmas
(   ) Escuro
(   ) Passar mal, ficar doente
(   ) Morrer
(   ) Assaltos, sequestros
(   ) Acidentes
(   ) Chuva, trovões
(   ) Que alguma coisa ruim aconteça com você ou com alguém da sua família

Você se preocupa muito com:
(   ) Horários
(   ) Provas
(   ) Com seus pais, quando estão longe de você?

Algumas crianças sentem muito medo!!!

Algumas crianças se preocupam muito e são muito ansiosas. Essas crianças sofrem quando têm esses problemas. Elas não sabem de onde eles vêm, por isso não conseguem se livrar deles.

Quando isso acontece, as crianças precisam de ajuda.

Aqui falaremos de crianças como você, que são muito nervosas, que se preocupam muito e que têm muitos medos.

Falaremos de crianças que não conseguem dormir fora de casa, não conversam com outras pessoas, não saem de casa, não conseguem ficar longe dos pais, tudo por causa de suas preocupações e medos.

Suas preocupações e medos fazem você se sentir mal fisicamente, como se estivesse doente, prejudicando sua vida.

Você deixa de fazer coisas importantes e não se diverte.

2 Atividade

Vamos imaginar a ansiedade como uma prisão, na qual você se sente paralisado, não conseguindo fazer suas atividades e se divertir.

3 Atividade

Desenhe como você se imagina na prisão da ansiedade.

(4) Sensações físicas da ansiedade

Quando você está nervoso, preocupado ou com medo, você sente no seu corpo sensações físicas muito ruins.

As sensações físicas da ansiedade são a primeira pista para você saber que está ansioso.

Faça um X nas sensações que você sente no seu corpo quando está preocupado ou com medo.

5 Atividade lúdica

Escolha um jogo ou uma atividade divertida para brincar com seu terapeuta.

6 Lista de prêmios

O exercício para casa vai ajudar você a fixar melhor o que aprendeu e a treinar as habilidades desenvolvidas durante as sessões em outras situações de sua vida. Vamos rever como foi esta prática no início de cada sessão.

Como recompensa para cada exercício de casa concluído, você ganhará pontos para trocar por um prêmio de sua escolha, pode ser um passeio com os pais, um presente, revistas, ingressos de cinema, etc.

Há um quadro a seguir que você deverá preencher com seus pais.

Após as sessões 4, 8, 12 e 16, você poderá trocar seus pontos por prêmios.

Vamos completar?

Prêmios

7 Exercícios para casa

No final de cada sessão há alguns exercícios para serem feitos em casa. Faça o exercício para casa desta sessão e ganhe um ponto.

> Escreva duas situações nas quais você se sentiu nervoso, preocupado ou com medo e anote o que sentiu no seu corpo.

Situação 1

_____
_____
_____

Sensações físicas desagradáveis

_____
_____
_____

Situação 2

_____
_____
_____

Sensações físicas desagradáveis

_____
_____
_____

Sessão 3 — Conhecendo seu corpo

1 Revisão dos exercícios para casa

2 Reações no corpo

Hoje vamos continuar falando sobre a forma como seu corpo reage quando está nervoso, preocupado ou com medo.

Às vezes, ficar com medo é normal. Há momentos em que todo mundo fica um pouco assustado. Mas há outros momentos em que nós não precisamos ficar com medo.

3 Quando as pessoas estão com medo

Elas podem perceber que seus corpos dão a elas sinais ou dicas. Pense em uma vez em que alguém da sua família ou um amigo seu estava com medo. Como você percebeu que a pessoa estava com medo? Escreva nos espaços abaixo.

A. _____

_____

_____

B. _____

_____

_____

4 Desenhe uma pessoa que está nervosa, preocupada ou sentindo medo

5 Como seu corpo mostra a você que está ansioso?

Olhe o desenho do corpo humano abaixo. Que parte do seu corpo fica com uma sensação estranha quando você se sente nervoso, preocupado ou com medo?

Faça um x nas partes que você sentiu a sensação estranha.

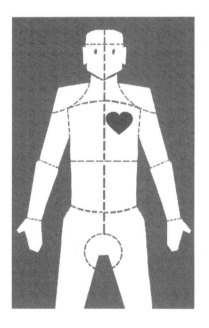 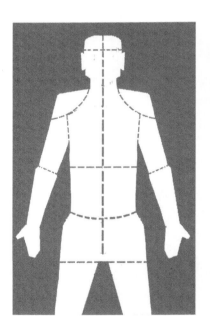

6 Atividade lúdica

Jogo "Por dentro do corpo", da Toyster, ou similar. O objetivo do jogo é familiarizar os participantes com os sistemas do corpo humano e, com isso, trabalhar a ligação entre ansiedade e sensações corporais.

7 Exercícios para casa

Faça os exercícios para casa desta sessão e ganhe um ponto.

Escreva duas situações, uma na qual você sentiu medo e outra na qual você correu dez minutos, andou de bicicleta ou brincou de pega-pega. Escreva as situações e o que você sentiu no seu corpo.

Situação 1

_____

_____

_____

Sensações físicas desagradáveis

_____

_____

_____

Situação 2

_____

_____

_____

Sensações físicas desagradáveis

_____

_____

_____

Sessão 4
Como seu corpo reage à ansiedade

1 Revisão dos exercícios para casa

2 Responda algumas perguntas sobre como os corpos reagem

Diferentes motivos podem explicar seus sentimentos e o modo como seu corpo reage.

2.1. Leia as situações a seguir e assinale o motivo pelo qual a pessoa está se sentindo dessa maneira.

Magali estava com muita fome e comeu uma melancia que estava na geladeira. Pouco depois sua barriga começou a doer.
Por que você acha que a barriga dela estava doendo?

A. Ela comeu muito.
B. Ela correu muito.
C. Ela estava preocupada com uma prova.

2.2. Pedro vai apresentar um trabalho na frente da classe. Ele percebe que está suando.

Por que ele estaria se sentindo desta maneira?

A. Ele foi correndo para a escola naquela manhã.
B. Fazia um dia quente lá fora.
C. Ele estava nervoso por ter que falar na frente da classe.

42

2.3. A última vez que Rodrigo foi ao dentista, ele teve que tomar uma injeção que doeu um pouco. Seis meses depois, ele estava na sala de espera do dentista novamente. Quando o dentista o chamou para entrar e sentar na cadeira, Rodrigo sentiu seu coração bater bem rápido.

O que poderia ter feito seu coração bater tão rápido?

A. Ele nadou em uma competição logo antes de ir para o dentista.
B. Ele subiu as escadas do prédio do consultório do dentista.
C. Ele estava com medo do que poderia acontecer no dentista.

As respostas para essas três perguntas podem nos ajudar a entender como nossos corpos nos dão pistas. Na situação da Magali, a barriga doendo poderia ser o resultado de qualquer uma das razões listadas; como sabemos que ela comeu uma melancia inteira, podemos dizer com certeza que comer a melancia inteira fez sua barriga doer. Entretanto, se ela tivesse comido somente uma fatia da melancia, uma prova muito importante poderia ter feito sua barriga doer.

Pedro poderia estar suando porque o dia estava quente. Entretanto, se o dia estivesse fresco e ele não estivesse correndo na última meia hora, falar na frente da classe poderia ser a causa de ele estar suando. Correr, temperaturas quentes e situações tensas podem nos fazer suar.

Rodrigo se sentiu nervoso e identificou isso quando notou seu coração batendo forte. Ele estava preocupado com a dor que poderia vir a sentir no dentista.

3) Programa SPADA

Primeiro passo
Identificar sensações físicas desagradáveis quando você está nervoso, preocupado ou com medo é o primeiro passo para aprender a enfrentar situações que fazem você ficar ansioso.

O primeiro passo é chamado de:

Sensações físicas e sentimentos desagradáveis
Pense em uma situação em que você sentiu muito medo. O que você sentiu no seu corpo?
_____
_____
_____

4) Atividade lúdica

Escolha um jogo ou algo divertido para brincar com seu terapeuta.

5 Exercícios para casa

Faça os exercícios para casa desta sessão e ganhe 1 ponto.

Pergunte aos seus pais quais partes de seus corpos ficam tensos ou doloridos quando estão nervosos, preocupados ou com medo. Para a mãe pode usar M e para o pai P.

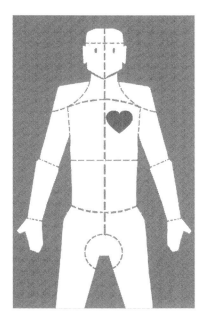 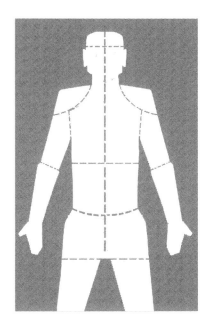

Se você já juntou 3 pontos, poderá fazer sua primeira troca por um prêmio.

Sessão 5
Aprendendo a respirar e a relaxar

1 Revisão do exercício para casa

2 Atividade: contorno do corpo humano com a localização dos músculos

Material: Folha de papel Kraft, caneta hidrocor e giz de cera.

Utilizando uma folha de papel Kraft, o terapeuta faz o contorno do corpo da criança e pede para que ela preencha com caneta hidrocor ou lápis de cera as partes de seu corpo que ficam mais tensas em momentos de ansiedade.

3 Aprendendo a respirar e relaxar

Hoje você aprenderá alguns exercícios de respiração e relaxamento que poderão ajudá-lo a se sentir relaxado quando estiver preocupado, com medo ou ansioso.

Praticar a respiração diafragmática e o relaxamento progressivo com a criança.

Respiração:
- Feche os olhos e a boca, inspire pelo nariz, contando mentalmente até 5 (5 segundos).
- Em cada inspiração, concentre-se no ar que entra pelo seu nariz e vai até lá embaixo em sua barriga.
- Quando sentir que todo o ar chegou lá na barriga, comece a colocá-lo para fora, pela boca.
- Expire somente pela boca, contando mentalmente até 10 (10 segundos).
- Repita essa sequência cinco vezes, três vezes ao dia.
- É uma respiração silenciosa, lenta e profunda.

Relaxamento:
- Deite-se de costas numa posição confortável.
- Coloque seus braços ao lado do corpo e as palmas das mãos para baixo.
- Aperte a mão direita com força, contando mentalmente até 5 (5 segundos).
- Relaxe a mão contando mentalmente até 10 (10 segundos).
- Depois, faça o mesmo com a mão esquerda.
- Em seguida, contraia e relaxe as seguintes partes do corpo, nesta ordem: rosto, ombros, costas, barriga, quadril, pernas, pés, e dedos dos pés.
- Contraia cada parte do corpo por 5 segundos e, em seguida, relaxe por 10 segundos antes de ir para a próxima parte.
- Finalize o exercício sacudindo suas mãos, imaginando cada tensão do corpo indo embora por seus dedos.

4 Exercícios para casa

Faça os exercícios desta sessão e ganhe um ponto.

Pratique os exercícios de respiração e relaxamento em casa e escreva duas experiências.

Dia 1

_____

_____

_____

Dia 2

_____

_____

_____

Sessão 6

Reconhecendo e identificando sentimentos

1 Revisão dos exercícios para casa

2 Quais sentimentos as pessoas têm?

Nessa semana, você aprenderá sobre os vários sentimentos que as pessoas podem ter e como reconhecer estes sentimentos em você e nos outros.

Escreva alguns sentimentos nas linhas a seguir.

3 Por que você tem sentimentos?

Os seus sentimentos são respostas a certas situações, lugares, pessoas ou objetos.

Escreva uma situação na qual você sentiu felicidade.

_____

_____

_____

_____

Escreva uma situação na qual você sentiu tristeza.

Escreva uma situação na qual você sentiu raiva.

Escreva uma situação na qual você sentiu preocupação.

Escreva uma situação na qual você sentiu medo.

Como você sabe quando alguém está ansioso? Você consegue pensar em duas maneiras de perceber isso? Escreva suas respostas nos espaços a seguir.

A.

B.

4 Combine o rosto com o sentimento

Muitas pessoas mostram seus sentimentos pela expressão em seus rostos. Vamos tentar descobrir que sentimento cada um dos rostos a seguir está mostrando e escrever o sentimento abaixo do rosto.

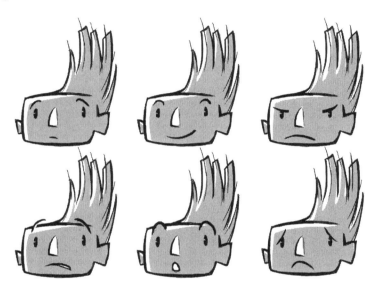

5 Encenação de sentimentos

Tente mostrar uma emoção com seu rosto e corpo. Veja se seu terapeuta consegue adivinhar qual é a emoção; depois, seu terapeuta fará o mesmo e você terá de adivinhar qual é a emoção que ele está querendo te mostrar.

6 Atividade lúdica

Recortar figuras de pessoas nas revistas e identificar os sentimentos de cada uma.

7 Exercícios para casa

Faça os exercícios para casa desta sessão e ganhe um ponto.

Escreva duas situações, uma na qual você se sentiu feliz e outra na qual você se sentiu preocupado. É importante escrever sobre as situações logo que acontecerem, para não esquecer nada.

Escreva as situações, o que estava sentido e o que estava pensando.

Situação	O que você sentiu?	O que estava pensando?

Situação	O que você sentiu?	O que estava pensando?

Sessão 7 — Reconhecendo e identificando sentimentos

1 Revisão dos exercícios para casa

2 Sentimentos

Todos os sentimentos são normais e humanos.

Não existem sentimentos negativos ou positivos; errados ou certos; feios ou bonitos, do mal ou do bem.

Existem sentimentos agradáveis e desagradáveis.

Portanto, é importante que a gente se permita sentir todos os sentimentos.

Não temos um botão no cérebro que possamos desligar para não sentir certos sentimentos.

Muitas vezes, os adultos falam para as crianças que elas não podem sentir raiva, ciúme, inveja, vontade de bater ou quebrar coisas, porque esses sentimentos são sentimentos do mal.

O problema não está em sentir, e sim no que você faz com o que está sentindo.

3 Leia as situações a seguir e escreva os sentimentos que você poderia ter

A. Seu melhor amigo te chama para jogar videogame.
Quais sentimentos você teria?

_____
_____
_____
_____

B. Você e seus amigos combinam um passeio para um parque de diversões, mas chove muito no dia marcado e o passeio é cancelado.
Quais sentimentos você teria?

_____
_____
_____
_____
_____

C. Seus pais saíram. Você está sozinho em casa e ouve um barulho no outro quarto.
Quais sentimentos você teria?

_____
_____
_____
_____
_____

D. Seu amigo pede emprestado sua lapiseira e a quebra.
Quais sentimentos você teria?

_____
_____
_____
_____

4. O que essas pessoas estão sentindo?

Dê uma olhada no desenho e pense sobre como cada pessoa pode estar se sentindo. Escreva um sentimento para cada pessoa.

_____
_____
_____
_____

5 Revisão

Tenho certeza que você entendeu! Agora, você pode saber muito sobre sentimentos observando as expressões nos rostos das pessoas e outras partes de seus corpos.

Por exemplo, às vezes você pode mostrar seus sentimentos pelo modo como você fica em pé ou sentado, onde você coloca suas mãos ou como você segura sua cabeça.

6 Atividade lúdica

Escolha um jogo ou uma atividade divertida para brincar com seu terapeuta.

7 Exercícios para casa

Faça os exercícios da sessão 7 e você ganhará 1 ponto.

Escreva a seguir duas situações, uma na qual você se sentiu feliz, e outra na qual você se sentiu nervoso, preocupado ou com medo.

É importante escrever as situações logo que acontecerem, para não esquecer nada.

Escreva como você estava se sentindo e o que estava pensando.

Situação	O que você sentiu?	O que estava pensando?

Situação	O que você sentiu?	O que estava pensando?

Sessão 8

O que ou quem deixa as crianças ansiosas?

1 Revisão dos exercícios para casa

2 Situações, pessoas ou coisas que deixam as crianças ansiosas

( ) Ficar longe dos pais
( ) Passar mal
( ) Ficar doente
( ) Morte
( ) Medo do escuro
( ) Dormir sozinho
( ) Assaltantes
( ) Chuva, trovões ou raios
( ) Medo de perder os pais
( ) Falar com outras pessoas
( ) Crianças da escola
( ) Professores
( ) Provas
( ) Viajar com a escola
( ) Dormir na casa de colegas
( ) Ir para a escola
( ) Medo de animais, aves ou insetos
( ) Ir para uma escola nova

Escreva o que ou quem te deixa nervoso, preocupado ou com medo, que não esteja na lista da página anterior.
___
___
___

3 Leia essa história

Os pais de João e Leonardo são skatistas, campeões nacionais e internacionais!

João e Leonardo querem aprender a andar de skate, estão ansiosos para começarem as aulas.

João está pensando: "Não vejo a hora de fazer a primeira aula, vai ser muito legal, quero ser campeão como meu pai, tenho certeza que, se me esforçar, eu conseguirei!"

Leonardo está pensando: "Vai ser muito difícil aprender, não sou bom, os colegas vão rir quando eu cair, é muito perigoso, vou quebrar a perna ou braço, posso bater a cabeça e morrer!"

Nas noites anteriores à primeira aula, João estava muito feliz e ansioso para que ela chegasse logo.

Leonardo teve pesadelos em que caía, todos riam dele, ele se machucava e ia para o hospital com a perna quebrada...

No grande dia, João estava empolgado e pensava: "Oba, não via a hora!"

Leonardo estava muito nervoso, preocupado e com muito medo, sentia enjoo, a barriga doía, não conseguia respirar direito, tremia muito. Seus pensamentos eram: "Não vou conseguir, vão rir de mim, vou me machucar!"

A caminho da aula, João estava alegre e falava: "Oba! Estamos chegando!" Leonardo estava nervoso, e muito calado.

Quando chegaram na escola, João desceu correndo do carro e foi encontrar os colegas da turma deles, Leonardo não conseguia descer do carro!

O pai do Leonardo o ajudou e ele conseguiu descer do carro e chegar perto do local da aula, então parou! Não conseguia andar mais, a ansiedade era tanta que paralisou Leonardo, como se estivesse numa prisão.

Leonardo tremia muito, não conseguia respirar, com dor de barriga, enjoo, dor de cabeça, tontura, coração disparado.

Ele achou que iria desmaiar ou morrer!

O pai de Leonardo insistiu para que ele fizesse a aula, mas ele não conseguiu e acabou tendo uma explosão de choro!

Então, seu pai entendeu seu sofrimento, o abraçou e levou-o para casa.

O que você acha que fez o Leonardo não conseguir fazer a aula de skate?

( ) O João.
( ) O pai do Leonardo.
( ) Os colegas.
( ) A aula que era muito difícil.
( ) Andar de skate é muito perigoso.
( ) Leonardo é incapaz de aprender.
( ) João é mais inteligente.
( ) Nenhuma das respostas acima.

Na verdade, o que fez Leonardo sofrer tanto e não conseguir fazer a aula de skate foram os **pensamentos da nuvem de ansiedade**.

O que deixa uma criança nervosa, preocupada ou com medo pode ter um efeito completamente diferente em outra, isso ficou muito claro nessa história, né?

As pessoas sempre acreditam que certas coisas deixam as crianças ansiosas (atitudes das pessoas, situações, conhecer gente nova, conviver com animais, etc.).

Mas não são estes os motivos que deixam as crianças ansiosas. Se fosse assim, todas as crianças sentiriam e agiriam da mesma maneira, nas mesmas situações.

Ficamos ansiosos por causa da forma como pensamos!

Quando as crianças estão ansiosas, enxergam através de lentes de óculos da ansiedade.

4. Tipos de lentes de óculos da ansiedade

1. **Lupa:** quando você pensa através dessas lentes, tudo parece maior, pior, mais importante ou mais perigoso do que realmente é.
2. **Pessimismo:** quando você pensa através dessas lentes, tudo está errado ou dará errado.
3. **E se:** quando você pensa através dessas lentes, você sempre se pergunta: e se esta coisa ruim acontecer? E se der errado? E se eu não gostar do passeio? Mesmo sendo pouco provável que aconteça.
4. **Adivinhador:** quando você pensa através dessas lentes, você acredita que pode prever que coisas ruins acontecerão no futuro.
5. **Leitor de mentes:** quando você pensa através dessas lentes, você imagina o que outras pessoas estão pensando, mesmo sem saber se é verdade ou não.
6. **Eu sou inútil:** quando você pensa através dessas lentes, você se desvaloriza.
7. **Não posso errar:** quando você pensa através dessas lentes, você acredita que tem de ser perfeito, que se você não for bom, as pessoas não gostarão de você.
8. **Eu não sou capaz:** quando você pensa através dessas lentes, você acredita que não conseguirá fazer as coisas.

5 Atividade

Escreva uma situação na qual se sentiu nervoso, preocupado ou com medo e anote sensações físicas, sentimentos, pensamentos e quais lentes dos óculos da ansiedade estava usando.

Situação

_____
_____
_____

Sensações físicas e sentimentos desagradáveis

_____
_____
_____

Pensamentos da nuvem da ansiedade

_____
_____
_____

Lentes dos óculos da ansiedade

_____
_____
_____

6 Atividade lúdica

Escolha um jogo ou uma atividade divertida para brincar com seu terapeuta.

7 Exercícios para casa

Faça os exercícios desta sessão e ganhe um ponto.

Escreva duas situações nas quais você se sentiu nervoso, preocupado ou com medo e usou as lentes dos óculos da ansiedade.

Situação 1

_____
_____
_____

Sensações físicas e sentimentos desagradáveis

_____
_____
_____

Lentes dos óculos da ansiedade

_____
_____
_____

Situação 2

_____
_____
_____

Sensações físicas e sentimentos desagradáveis

_____
_____
_____

Lentes dos óculos da ansiedade

_____
_____
_____

Se você já juntou 7 pontos, poderá fazer sua segunda troca por um prêmio.

Sessão 9 — O que estou pensando?

1 Revisão dos exercícios para casa

2 Pensamentos

Nesta sessão, vamos conversar sobre os tipos de pensamentos que as pessoas têm em diferentes situações.

3 Qual é o pensamento do balão?

Vamos dar uma olhada no desenho a seguir. O balão do pensamento está vazio.
O que ele pode estar pensando? Escreva no balão abaixo.

Algumas vezes, não é tão fácil dizer o que alguém pensaria em uma situação. Em muitas delas, pessoas diferentes podem ter diferentes pensamentos. Vamos considerar a seguinte situação:

Um professor acabou de anunciar que a classe fará uma prova surpresa. Vamos conhecer dois dos alunos dessa classe. Pedro gosta de conversar nas aulas, não faz os exercícios nem as tarefas de casa e faltou na aula que o professor explicou a matéria que cairá na prova. Júlia presta atenção nas aulas, faz os exercícios em sala e as tarefas de casa, e estudou a matéria que cairá na prova. O que você acha que Pedro e Júlia pensaram quando o professor falou da prova surpresa? Você acha que eles tiveram pensamentos parecidos ou muito diferentes?

Pensamentos de Pedro

_____
_____
_____

Pensamentos de Júlia

_____
_____
_____

Pensamentos diferentes = sentimentos diferentes = comportamentos diferentes

Como Pedro e Júlia se sentiram e se comportaram nessa situação?

Pedro
Sentimentos

_____
_____
_____

Comportamentos

_____
_____
_____

Júlia
Sentimentos
___
___
___

Comportamentos
___
___
___

 Programa SPADA

Segundo Passo
Pensamentos da nuvem da ansiedade

Alguns tipos de pensamentos podem ajudar a criança a lidar com a situação, enquanto outros podem fazer a criança se sentir mais nervosa, preocupada e com medo. Observe esse desenho. Circule a criança que está mais assustada. Por que você acha que ela está com medo?

Identificar pensamentos que possam fazer você se sentir mais nervoso, preocupado ou com medo é o segundo passo do programa SPADA, que te ajudará a conseguir se livrar da prisão da ansiedade.

O segundo passo é chamado de **pensamentos da nuvem da ansiedade.**

Quando você estiver numa situação em que se sinta nervoso, preocupado ou com medo, o que te ajudará é prestar atenção no que está passando pela sua cabeça naquele momento.

Não é a situação que faz você ficar nervoso, preocupado ou com medo, mas os pensamentos da nuvem da ansiedade.

5 Vamos revisar os dois primeiros passos do programa SPADA

- **S** = Sensações físicas e sentimentos desagradáveis
- **P** = Pensamentos da nuvem da ansiedade

6 Atividade lúdica

Escolha um jogo ou algo divertido para brincar com seu terapeuta

7 Exercícios para casa

Faça os exercícios desta sessão e ganhe um ponto.

Durante esta semana, escreva duas situações nas quais você se sentiu nervoso, preocupado ou com medo.

Anote sensações físicas, sentimentos e pensamentos da nuvem da ansiedade

Situação 1

S = Sensações físicas e sentimentos desagradáveis

P = Pensamentos da nuvem da ansiedade

Situação 2

S = Sensações físicas e sentimentos desagradáveis

P = Pensamentos da nuvem da ansiedade

Sessão 10 — Identificando, questionando e modificando os pensamentos da nuvem da ansiedade

1 Revisão dos exercícios para casa

2 Conversa com os pensamentos

Agora que você sabe que não são as pessoas, situações, animais, insetos, nem lugares que deixam você nervoso, preocupado ou com medo, e sim os pensamentos da nuvem da ansiedade. Você aprenderá como se libertar dessa nuvem de pensamentos que tanto lhe assusta com a SPADA da liberdade.

Essa nuvem foi construída através das lentes dos óculos de ansiedade, lembra?

3 Identificando os pensamentos da nuvem da ansiedade

A. O que passa na sua cabeça quando você lê essa frase?

Coelhos botam ovos de chocolate

_____

_____

_____

B. Questionando esse pensamento:

- Qual a probabilidade de coelho botar ovo?
- Se o coelho botasse ovo, seria de chocolate?
- Você já viu coelho botando ovos de chocolate?
- Você conhece alguém que já viu coelho botar ovo?

4 Conversando com os pensamentos da nuvem da ansiedade

Se quiser mudar o jeito que está se sentindo, mudar a forma de pensar o ajudará.

Quando você está ansioso, os pensamentos da nuvem da ansiedade fazem você se sentir como se estivesse numa prisão que te impede de fazer coisas. Eles também fazem você esquecer que tem a SPADA da liberdade, que pode libertá-lo dessa prisão.

A primeira atitude é prestar atenção no que está passando pela sua cabeça quando está preocupado, nervoso ou com medo.

A segunda atitude é fazer perguntas:

A. De 1 a 10, qual é a chance de acontecer aquilo de que eu tenho medo?
B. O que de pior pode acontecer?

C. Se acontecer o que eu temo, como a SPADA da liberdade poderia me ajudar?
D. O que me faz pensar que será tão ruim?
E. Quantas vezes isso já aconteceu antes?
F. Se nunca aconteceu antes, é comum eu pensar nessas coisas que não se realizam?
G. Se um amigo pensasse isso, o que eu diria a ele?

5 Atividade

Pense em algo que te deixe nervoso, preocupado ou com medo. Escreva:
_____
_____
_____

Agora use a SPADA da liberdade para se libertar dos pensamentos da nuvem da ansiedade, conversando com esses pensamentos.

Sensações físicas e sentimentos desagradáveis:
Faça o exercício de respiração

Pensamentos da nuvem da ansiedade:

Conversando com os pensamentos:

6 Atividade lúdica

Escolha um jogo ou uma atividade divertida para brincar com seu terapeuta.

7 Exercícios para casa

Faça os exercícios para casa desta sessão e ganhe um ponto.

Escreva duas situações nas quais você se sentiu nervoso, preocupado ou com medo e pratique os 2 primeiros passos do programa SPADA.

Situação 1

Sensações físicas e sentimentos desagradáveis
Faça o exercício de respiração

Pensamentos da nuvem da ansiedade
Conversando com os pensamentos da nuvem da ansiedade

Situação 2

Sensações físicas e sentimentos desagradáveis
Pratique o exercício de respiração

Pensamentos da nuvem da ansiedade
Conversando com os pensamentos da nuvem da ansiedade

Sessão 11

O que devo fazer?

1 Revisão dos exercícios para casa

2 O que devo fazer?

Os medos ficam maiores à medida que os evitamos: quanto mais fugimos do que nos dá medo, maior e mais assustador o medo fica.

Agora que você sabe como reconhecer suas sensações físicas, sentimentos desagradáveis e os pensamentos da nuvem de ansiedade, está na hora de entrar em ação!

Você acha que é bom em resolver problemas? Você é capaz de descobrir atitudes que o ajudam a se libertar da prisão da ansiedade?

Imaginar o que fazer quando você está nervoso, preocupado ou com medo é um tipo de solução para os problemas!

Pergunte a você mesmo: o que posso fazer para tornar essa situação menos terrível?

3 Atividade

O que você faria nesta situação?

Você está na escola e a professora começa a falar: "Entreguem a sua lição de casa!". Nesse momento, você percebe que esqueceu sua lição em casa.

O que você pode fazer para solucionar este problema? Dê sugestões:

1. _____

2. _____

E nesta situação, o que você faria?

É o primeiro dia na escola nova. Você está sentindo vergonha e medo de não fazer amigos. Que sugestões você daria para enfrentar esses sentimentos?

1. _____

2. _____

4 Programa SPADA

Terceiro passo
Atitudes e ações que te ajudam a sair da prisão da ansiedade

Quando você fica nervoso, preocupado ou com medo, seu cérebro e seu corpo passam muito mal, e você fica paralisado, como se estivesse numa prisão.

Você já sabe que quando fica ansioso sente coisas desagradáveis no seu corpo, mas sabe também que, apesar de essas sensações não serem perigosas, fazem você deixar de fazer suas atividades, porque acaba acorrentado na prisão da ansiedade.

Então, pratique os exercícios de respiração e relaxamento que você já aprendeu.

Converse com os pensamentos da nuvem da ansiedade até chegar na verdade.

5 Atividade

Transformar o medo em coragem quando você estiver com medo do escuro, for dormir sozinho ou ficar sozinho

Vamos criar um "*kit* de coragem":

- Escudo (proteção).
- Lanterna (iluminação).
- Capa de super-herói (força).

Quando você estiver com medo use seu "*kit* de coragem".

O escudo para te proteger, a lanterna para iluminar a escuridão e a capa para você usar toda a força que você tem.

O que você acha que esses meninos estão pensando?

6 Atividade

Quando você tem uma prova na escola e está muito preocupado, o que você faz, praticando o SPADA?

_____

_____

_____

Seu comportamento o ajuda a se sentir melhor e a ir bem na prova?

_____

_____

_____

7 Atividade lúdica

Escolha um jogo ou uma atividade divertida para brincar com seu terapeuta.

8 Exercícios para casa

Faça o exercício para casa da sessão 11 e ganhe 1 ponto.

Escreva uma situação, na qual você se sentiu nervoso, preocupado ou com medo. Escreva as sensações físicas, o que sentiu, o que pensou, como conversou com os pensamentos da nuvem da ansiedade e o que fez.

Pratique os 3 primeiros passos do programa SPADA.

Situação

_____

_____

_____

Sensações físicas e sentimentos desagradáveis
Faça o exercício de respiração

Pensamentos da nuvem da ansiedade
Conversando com os pensamentos

Atitudes que ajudaram

Sessão 12

Desejos alcançados e recompensas

1 Revisão dos exercícios para casa

2 Desejos alcançados e recompensas

Tudo bem! Você é um monitor de sentimentos, você presta atenção e conversa com os pensamentos da nuvem da ansiedade, é um solucionador de problemas.

Já era tempo de você ter seus Desejos Alcançados e receber as recompensas.

3 Atividade

Você acha que é um bom juiz para julgar o que merece uma recompensa?

Vamos tentar!
Digamos que você dará pontos de recompensas para as seguintes pessoas. Quantos pontos (de 1 a 10) cada um deveria ganhar?

A. Thiago está jogando futebol e marca um gol. ( )
B. Jade fez macarronada para sua amiga, mas esqueceu de colocar sal. ( )
C. Caio escreveu um poema para um concurso da escola e ficou em 3º lugar. ( )

Alguém poderia pensar que Thiago mereceria um 10, Caio ganharia um pouco menos e Jade ganharia menos pontos que os outros.

Todos se esforçaram e se desafiaram, então merecem alta pontuação.

Recompensas podem ser dadas pelo esforço, mesmo que alguma coisa não tenha acabado bem.

O que conta é o esforço!
Algumas vezes até mesmo se você fez um bom trabalho ou realmente se esforçou, as coisas podem não sair exatamente da maneira como planejou.

Ou algumas vezes você pode pensar que poderia ter feito um trabalho melhor. Nestes casos, ainda assim, recompense-se pelo que você fez bem. Afinal de contas, ninguém é perfeito! Apenas conseguir passar por uma situação difícil já é um Desejo Alcançado!

O quarto passo do programa SPADA é identificar os Desejos Alcançados e dar a você uma recompensa por seu esforço.

4 Praticando os quatros passos do programa SPADA

Situação – Você fará uma viagem com a escola e está achando que ficará sozinho.

Sensações físicas e sentimentos desagradáveis
Fazer exercícios de respiração

_____
_____
_____

Pensamentos da nuvem da ansiedade
Conversando com os pensamentos

_____
_____
_____
_____
_____
_____

Atitudes e ações que podem ajudar

_____
_____
_____

Desejos **A**lcançados e recompensas

_____
_____
_____

5 Atividade lúdica

Escolha um jogo ou uma atividade divertida para brincar com seu terapeuta.

6 Exercícios para casa

Faça o exercício para casa desta sessão e ganhe um ponto.

Escreva uma situação na qual você se sentiu nervoso, preocupado ou com medo. Escreva as sensações físicas, sentimentos, o que pensou, como conversou com os pensamentos da nuvem da ansiedade, o que fez, quais desejos alcançados e como se recompensou.
Pratique os 4 passos do programa SPADA.

Situação

_____

_____

_____

Sensações físicas e sentimentos desagradáveis
Fazer exercícios de respiração

_____

_____

_____

Pensamentos da nuvem da ansiedade
Conversando com os pensamentos

_____

_____

_____

_____

_____

_____

Atitudes que ajudaram

_____

_____

_____

Desejos Alcançados e recompensas

_____

_____

_____

Se você já juntou 11 pontos, poderá fazer sua terceira troca por um prêmio.

Sessão 13

Sessão com os pais

O objetivo dessa sessão é fornecer informações sobre o que está acontecendo no tratamento e falar sobre os próximos passos.

Os pais trazem suas questões e contam ao terapeuta como seu filho tem estado fora do ambiente terapêutico. O terapeuta explica para os pais que as sessões que se deram até o momento forneceram substrato para o aprendizado de novas habilidades, que são um pré-requisito para as sessões seguintes, nas quais se dará a prática propriamente dita.

É esperado que a prática dos exercícios das próximas sessões traga o alívio e o aprendizado do controle da ansiedade. Há o reforço de que o objetivo do Programa não é de eliminar a ansiedade, mas sim conhecer seus gatilhos e aprender a controlá-la.

O papel dos pais no início e na manutenção da ansiedade da criança Os pais encorajam, reforçam e modelam o viés da criança para cognições ameaçadoras e o comportamento de evitação. Transmitem um senso de constante perigo para a criança, limitando a aquisição de habilidades de resoluções de problemas.

Pais de crianças ansiosas são um modelo do comportamento ansioso, identificam mais ameaças em situações ambíguas e incentivam os filhos a lidar com desafios ou situações novas por meio de esquiva.
Ex: Evitar sair sozinho, viajar com a escola, não se aproximar de animais.

Pais extremamente preocupados transmitem à criança a mensagem de que o mundo é um lugar ameaçador e que ela não será capaz de lidar sozinha com ele.
Ex: Medo de assaltos, acidentes.

Pais ansiosos tendem a ser superprotetores, o que faz com que a criança tenha menos oportunidade de desenvolver e praticar habilidades de enfrentamentos mais adequadas.
Ex: Dormir junto, faltar às aulas, não incentivam a viajar ou dormir fora.

Práticas educacionais que supervalorizam situações de ansiedade
Ex: Atitudes de superproteção, preocupação excessiva, educação através de ameaças.

As crianças aprendem a lidar com suas preocupações, medos e ansiedade evitando aquilo que as preocupa. Isso pode fazer a criança sentir-se melhor temporariamente, mas não ajuda a superar a ansiedade.

Enfrentar as preocupações e medos ajuda a superar a ansiedade.
A ideia é levar a criança a enfrentar as situações geradoras de ansiedade, e não fugir delas. Em cada uma das sessões seguintes, a criança deverá escolher alguma ou algumas situações para se expor, fora do ambiente da terapia, e ir treinando as habilidades aprendidas. Com essas exposições a situações temidas, a ansiedade começará a diminuir.

Mostrar que é importante a colaboração dos pais no tratamento para que a criança faça os exercícios práticos em casa.
Os pais precisam reconhecer e recompensar o esforço da criança. Não demonstrar decepção e não punir se o resultado não for excelente, o que vale é a tentativa.

Os pais devem estimular a independência, confiança e autonomia. Não devem permitir ou reforçar a evitação das situações temidas, porque isso reforça a ansiedade.

Os pais devem aprender o modelo de enfrentamento e resolução de problema em situações de grande ansiedade. Devem ser consistentes ao estabelecer as consequências, demonstrar compreensão pela angústia sentida pela criança e não subestimar seu sofrimento.

Os pais não devem insistir na tranquilização, mas responder somente uma vez. A criança ansiosa pode fazer a mesma pergunta várias vezes e os pais, para tranquilizá-la, respondem a todas elas, achando que isso diminui a ansiedade. Na verdade, isso tem efeito contrário, aumentando-a.

A capacidade para seguir o modelo de enfrentamento é um componente importante do tratamento. Os pais devem adaptar o modelo de enfrentamento em casa, quando o filho for submetido a diferentes situações geradoras de ansiedade.

Cabe aos pais então saber lidar com a ansiedade, gerar raciocínio e soluções lógicas dos problemas e induzir uma abordagem adequada das situações.

Os pais são orientados a motivar, elogiar e reforçar os comportamentos adequados e corajosos de seu filho e dar pouca atenção aos comportamentos inadequados, que tendem a manter a ansiedade.

O programa SPADA ajuda seu filho a:

- Perceber as sensações físicas e sentimentos desagradáveis da ansiedade.
- Identificar os pensamentos da nuvem da ansiedade, que passam por sua cabeça.
- Questionar se estes pensamentos são verdadeiros ou não, e encontrar formas mais adequadas de pensar.
- Descobrir atitudes e ações que ajudam na resolução dos problemas.
- Identificar desejos alcançados, quando consegue detonar a ansiedade.

Sessão 14
Praticando o programa SPADA para detonar a ansiedade

1 Revisão do exercício para casa da sessão 12

2 Escreva uma situação na qual você se sentiu ansioso

Situação

_____
_____
_____

Sensações físicas e sentimentos desagradáveis
Fazer exercícios de respiração

_____
_____
_____

Pensamentos da nuvem de ansiedade
Conversando com os pensamentos

_____
_____
_____
_____
_____

Atitudes que ajudaram

_____

_____

_____

Desejos Alcançados e recompensas

_____

_____

_____

3 Atividade lúdica

Escolha um jogo ou uma atividade divertida para brincar com seu terapeuta.

4 Exercícios para casa

Faça o exercício desta sessão e ganhe um ponto.

Escreva uma situação na qual você se sentiu ansioso. Escreva as sensações físicas, o que sentiu, o que pensou, como conversou com os pensamentos da nuvem da ansiedade, o que fez, quais desejos alcançados e como se recompensou.

Pratique os 4 passos do programa SPADA.

Situação

_____

_____

_____

Sensações físicas e sentimentos desagradáveis
Fazer exercícios de respiração

Pensamentos da nuvem da ansiedade
Conversando com os pensamentos

Atitudes que ajudaram

Desejos **A**lcançados e recompensas

Sessão 15 — Praticando o programa SPADA para detonar a ansiedade

1 Revisão do exercício para casa

2 Hoje você será o terapeuta!

Leia a situação a seguir e coloque em prática tudo o que você aprendeu com o programa SPADA para ajudar Giovanna a sair da prisão da ansiedade.

Situação:
O pai de Giovanna foi buscar a mãe dela no trabalho. Giovanna costumava ficar sozinha, afinal ela já tem dez anos.
Giovanna estava na sala e ouviu um barulho vindo do seu quarto.

Sensações físicas e sentimentos desagradáveis:
Giovanna sentiu o coração acelerado, tremores, falta de ar, tontura, dor de barriga.
Sentiu muito medo, nervoso e preocupação.

O que Giovanna pode fazer para melhorar essas sensações físicas desagradáveis?

Pensamentos da nuvem da ansiedade:
É um ladrão, ele vai me matar, estou sozinha, ninguém vai me ajudar.

Como Giovanna pode conversar com esses pensamentos?

Atitudes que podem ajudar
Quais atitudes podem ajudar Giovanna?

94   Ansiedade na infância e adolescência

Desejos **A**lcançados e recompensas
O que Giovanna conquistou? E como ela pode se recompensar?

_____
_____
_____

3 Atividade lúdica

Escolha um jogo ou uma atividade divertida para brincar com seu terapeuta.

4 Exercícios para casa

Faça os exercícios desta sessão e ganhe um ponto.

Escreva uma situação na qual alguém que você conhece se sentiu nervoso, com medo ou preocupado. Escreva as sensações físicas e sentimentos desagradáveis que a pessoa teve, pensamentos da nuvem de ansiedade, o que fez, quais desejos alcançou e como se recompensou.

Pratique os 4 passos do programa SPADA para ajudar a pessoa a detonar a ansiedade.

Situação

_____
_____
_____

Sensações físicas e sentimentos desagradáveis
Fazer exercícios de respiração

_____
_____
_____

Pensamentos da nuvem da ansiedade
Conversando com os pensamentos

_____

_____

_____

_____

_____

_____

_____

Atitudes que ajudaram

_____

_____

_____

Desejos Alcançados e recompensas

_____

_____

_____

Sessão com os pais e a criança – Alta e prevenção de recaída

Pais e criança se reúnem para conversarem sobre como foi esse tempo, quais os aprendizados e o que mudou em suas vidas a partir dessa experiência.

Resumindo o programa SPADA
O programa SPADA é para ser usado sempre que você se sentir ansioso. Ele ajuda a lidar com situações que fazem você se sentir ansioso.

Passo um: Sensações físicas e sentimentos desagradáveis
Reconhecer as sensações físicas desagradáveis e a tensão no seu corpo é a primeira pista para que você saiba que está ansioso e que deverá colocar o programa SPADA em ação.

Passo dois: Pensamentos da nuvem de ansiedade
Identificando os pensamentos da nuvem de ansiedade, procure evidências a favor e contra eles.

Passo três: Atitudes ou ações que podem ajudar
Tenha atitudes que vão ajudar nesta situação. Comece a resolver o problema e a usar os pensamentos ou ações que ajudam a lidar com a situação.

Passo quatro: Desejos Alcançados e recompensas!!!
O quarto passo do programa SPADA é reconhecer os desejos alcançados e recompensar-se pelo seu esforço. Isso ajudará você a manter-se motivado e a continuar se desafiando.

PARABÉNS!!!
PROGRAMA SPADA CONCLUÍDO

Não se esqueça de fazer a quarta troca de pontos por um prêmio. Você merece!

Estratégias para prevenção de recaídas

A meta da Terapia Cognitivo-Comportamental é facilitar a remissão dos sintomas do transtorno do paciente e ensiná-lo a ser seu próprio terapeuta.

Ao ensinar as técnicas e ferramentas a um paciente, o terapeuta enfatiza que estas serão auxílios para toda a vida, e que o paciente poderá usá-las em diversas situações agora e no futuro.

É importante que a criança consiga:
- Identificar situações internas e externas para ocorrências das preocupações e medos.
- Ficar atenta se os sintomas começarem a voltar.
- Preparar com antecedência estratégias de enfrentamento.
- Continuar a se expor às situações que geravam ansiedade.
- Identificar as situações-gatilho ou preparar-se para eventos futuros difíceis.
- Não esquecer de praticar a respiração diafragmática e o relaxamento progressivo.
- Procurar levar uma vida saudável, fazendo exercícios físicos regularmente, alimentando-se bem, fazendo o que gosta, brincando bastante com amigos.

CAPÍTULO 3

SPADA: Programa de intervenção cognitivo-comportamental

Adolescentes

Programa de sessões

- Sessão 1: Psicoeducacional com a presença dos pais ou responsáveis, 102
- Sessão 2: Sensações físicas da ansiedade, 105
- Sessão 3: Aprendendo a respirar e a relaxar, 111
- Sessão 4 : Reconhecendo e identificando sentimentos, 115
- Sessão 5: Identificando pensamentos automáticos, 121
- Sessão 6: Programa SPADA – Passo um, 128
- Sessão 7: Programa SPADA – Passo dois, 133
- Sessão 8: Programa SPADA – Passo três, 137
- Sessão 9: Programa SPADA – Passo quatro, 144
- Sessão 10: Programa SPADA – Dominando os quatro passos, 147
- Sessão 11: Sessão para os pais – Orientações sobre o programa SPADA, 156
- Sessão 12: Comece a praticar – Situações fáceis, 159
- Sessão 13: Comece a praticar – Situações de média ansiedade, 161
- Sessão 14: Comece a praticar – Situações de grande ansiedade, 164
- Sessão 15: Mais prática – Situações de grande ansiedade, 168
- Sessão 16: Última sessão, 173

Sessão 1: Psicoeducacional com a presença dos pais ou responsáveis

Os objetivos do terapeuta nesta sessão com o adolescente e seus pais (ou responsáveis) são:

- Conhecer o adolescente e seus pais. Se o atendimento for em grupo, conhecer o grupo.
- Mostrar que a ansiedade é uma emoção normal.
- Explicar e orientar sobre o programa de tratamento e o modelo de Terapia Cognitivo-Comportamental (TCC).
- Enfatizar que é um trabalho em conjunto entre o adolescente e o terapeuta, ressaltando a importância da presença nas sessões.
- Ressaltar a importância da colaboração dos pais no tratamento para que o adolescente faça os exercícios práticos em casa.
- Levar o adolescente a sentir-se confortável com o terapeuta, encorajando sua participação durante as sessões.

Os primeiros minutos da sessão são reservados para que o paciente, os pais (ou responsáveis) e o terapeuta se apresentem numa conversa informal. O terapeuta procura saber por que procuraram o atendimento e quais as expectativas trazidas por eles. Nesta etapa, o adolescente e seus pais poderão trazer informações que auxiliem o tratamento. Por exemplo, que tipo de desconforto o adolescente apresenta, há quanto tempo, o que os responsáveis têm feito em relação ao problema, se há também alguém na família com ansiedade, etc.

O terapeuta deve fornecer a eles informações sobre a ansiedade e como ela se manifesta. Através de exemplos, ele pode demonstrar que sentir ansiedade é normal e ajuda a melhorar o desempenho; porém, se a ansiedade estiver muito intensa ou contínua, pode ser prejudicial. Ao falar sobre ansiedade normal e ansiedade patológica, bem como seus principais sinais e sintomas, explica-se os principais tipos de transtornos de ansiedade e características de cada um. O paciente e seus pais podem dar exemplos de sintomas que já tenham experienciado.

O terapeuta fornece as informações sobre o tratamento, tipo de terapia, duração e resultado esperado. Ele deve explicar que a Terapia Cognitivo-Comportamental atua na relação entre os pensamentos, os sentimentos e os comportamentos e que a ideia é trabalhar e mudar os pensamentos que estão distorcidos. No caso da ansiedade, o objetivo central é diminuir a catastrofização (sempre acreditar que o pior vai acontecer) e as crenças irracionais de excessiva vulnerabilidade.

Após a finalização da sessão com os pais, a sessão seguinte é para o adolescente e o terapeuta.

O programa SPADA

O programa SPADA para adolescentes foi desenvolvido para ajudar crianças e adolescentes a aprenderem importantes habilidades e técnicas para lidar com a ansiedade. O simbolismo do programa se refere aos seguintes passos:

- **S** = Sensações físicas e sentimentos nos dão pistas de nossa ansiedade.
- **PA** = Pensamentos Amedrontadores que muitas vezes são responsáveis por acharmos que o pior vai acontecer.
- **D** = Demonstrar atitudes ou ações que podem ajudar é um passo que damos como detetives, nos perguntando se estes pensamentos são verdadeiros e trabalhando em estratégias para solucioná--los.
- **A** = Aumentar a nossa tranquilidade quando diminuímos nossas preocupações e sensações físicas desagradáveis.

O programa SPADA vai ajudar você a:
- Perceber suas sensações físicas e seus sentimentos.
- Prestar atenção aos pensamentos que passam por sua cabeça.
- Testar se estes pensamentos são verdadeiros ou não e encontrar formas mais adequadas de pensar.
- Aprender a ter atitudes e ações que ajudem na resolução dos problemas.
- Colher resultados e se recompensar pelas tentativas.
- Conquistar com a SPADA sua liberdade para fazer o que a ansiedade te impedia.

Sessão 2

Sensações físicas da ansiedade

Você já percebeu que quando estamos ansiosos nossos corpos nos dão pistas de que algo diferente está acontecendo. Podemos sentir enjoo, dor no estômago, dores de cabeça, suores frios, sentir nosso coração bater mais rápido e forte, ter dificuldade para dormir, dores musculares, falta de ar, mal-estar e até mesmo "brancos" na hora de lembrar alguma coisa!

1 Vamos fazer um exercício?

O que você sente em seu corpo quando fica ansioso?

_____
_____
_____
_____
_____
_____

E as pessoas que você conhece, professores, amigos, pais, como demonstram que estão ansiosas?

_____
_____
_____
_____
_____
_____

106 Ansiedade na infância e adolescência

Também é possível descobrir as situações e os lugares que nos fazem sentir ansiedade.

Vamos tentar? Coloque um (x) nas situações que o deixam ansioso ou com medo e, na coluna ao lado, o grau de ansiedade ou medo (se é pequeno, médio ou grande):

( ) Andar de carro   _____
( ) Andar de elevador   _____
( ) Andar de metrô   _____
( ) Falar em público   _____
( ) Conversar com pessoas novas   _____
( ) Conversar com pessoas do sexo oposto   _____
( ) Medo de que algo de ruim aconteça a
      alguém de sua família   _____
( ) Andar de avião   _____
( ) Passar mal (enjoos ou dor de barriga)   _____
( ) Estar com ou vir a ter uma doença grave   _____
( ) Animais   _____
( ) Ser assaltado   _____
( ) Ir para a escola   _____
( ) Tirar nota baixa   _____
( ) Chuva   _____
( ) Trovões   _____
( ) Raios   _____

Agora descreva brevemente uma situação ou lugar em que você se sentiu ansioso:

_____
_____
_____

Quais sensações físicas você sentiu nesta situação?
Você dará notas para a sua ansiedade, ou seja, quanto maior ela for, maior será a nota. Se a nota for baixa, sua ansiedade foi pequena. Se for alta, é porque sua ansiedade foi muito grande.

Pense na divisão de uma régua ou de um termômetro. Imagine que eles estejam divididos em dez partes. Nós iremos utilizá-los para medir o quanto você se sente ansioso em diferentes situações.

Na situação que você descreveu, quanta ansiedade você sentiu numa escala de zero a dez?

_____
_____
_____
_____
_____
_____

2 Conhecendo meu corpo e minhas sensações físicas

Quando estamos tranquilos, nossos corpos nos dão pistas. Podemos ficar com os músculos relaxados e com uma sensação muito boa. Mas, quando estamos ansiosos ou preocupados, nosso corpo também nos dá pistas de que algo está incomodando ou não está bom.

Crianças e adolescentes que se sentem ansiosos são capazes de desenvolver recursos para lidar com o estresse do dia a dia. Esse estresse pode ser desencadeado em um elevador, em meio à multidão, no dentista ou em qualquer situação e lugar que aumente a sua emoção. O estresse da vida não muda, portanto a *forma* com que se lida com ele é que realmente faz a diferença.

3 Como o estresse afeta o corpo

Reações ao estresse são em parte determinadas pela sensibilidade de seu sistema nervoso simpático. O corpo percebe as ameaças e o sistema nervoso reage com a liberação de hormônios do estresse, incluindo a adrenalina e o cortisol. Estes hormônios despertam o corpo para ações de emergência, entendendo que há uma situação de perigo.

Em resposta a isso, há uma reação de "luta ou fuga", aumentando os batimentos cardíacos, a respiração, a tensão muscular e a circulação sanguínea, preparando o corpo para a ação. Esse é um processo normal. Se você sente muito estresse em sua vida, seu sistema nervoso simpático pode ficar sempre em alerta, colocando-o em estado de tensão constante. Dessa forma, você tenderá a reagir a pequenos estímulos estressantes da mesma forma que reagiria a emergências. Se você tem uma série de reações como as que mencionamos, que esgotam sua reserva de energia, isso pode resultar em uma espiral que leva a um cansaço enorme. Mas você pode quebrar este círculo vicioso, treinando relaxar seu corpo para diminuir sua tensão.

Olhe o desenho do corpo humano a seguir. Como seu corpo avisa que está ansioso? Que sensações diferentes você percebe nele? Em que lugares?

Desenhe um círculo em torno destes lugares e descreva como são estas sensações.

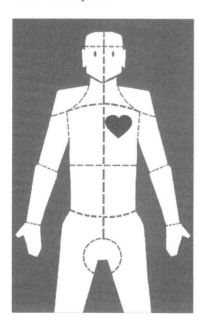
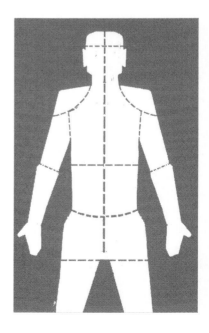

Outras atividades:

A. Jogo "Por dentro do corpo", da Toyster, ou similar. O objetivo do jogo é familiarizar os participantes com os sistemas do corpo humano e, com isso, trabalhar a ligação entre ansiedade e sensações corporais.
B. Cada participante deita em cima de uma folha de papel Kraft e o terapeuta faz o contorno do corpo dele com caneta hidrográfica ou giz de cera. Em seguida, você circula as partes de seu corpo que ficam com uma sensação diferente quando você está ansioso ou preocupado. Após isso, conversa-se sobre a vivência. (O terapeuta providencia o material.)

4 Exercícios para casa

O exercício para casa vai ajudar você a fixar melhor o que aprendeu nas sessões e treinar as habilidades que aprendeu em outras situações de sua vida. Iremos rever como foi esta prática no início de cada sessão. Como recompensa para cada exercício de casa concluído, você ganhará pontos para um prêmio de sua escolha – pode ser um passeio com os pais, presentes, revistas, ingressos de cinema, etc. Há uma lista de prêmios, que você deverá preencher com seus pais, em que você poderá escolher o que quer e verificar os pontos necessários para conseguir. Após as sessões 4, 8, 12 e 16, você poderá trocar seus pontos por prêmios.

Lista de prêmios – Vamos completar?

_____

_____

_____

1. Descreva duas situações nas quais você ficou nervoso ou assustado nesta semana. Se não tiverem acontecido duas, tente lembrar de situações passadas que te deixaram nervoso ou assustado. Escreva a situação e o que sentiu no seu corpo.

110   Ansiedade na infância e adolescência

Situação 1

_____
_____
_____

Sensações físicas

_____
_____
_____

Situação 2

_____
_____
_____

Sensações físicas

_____
_____
_____

2. Descreva agora algumas atividades que te fazem sentir-se relaxado e tranquilo.

_____
_____
_____

Faça os exercícios para casa desta sessão e ganhe um ponto.

Sessão 3 — Aprendendo a respirar e a relaxar

Material para a sessão: colchonetes ou cadeiras confortáveis para a prática.

Opcional: trazer músicas que acalmam, ou sons da natureza (o terapeuta providencia os materiais).

1 Revisão dos exercícios para casa

2 Relaxamento

Com o relaxamento, você pode diminuir sua respiração, frequência cardíaca e até sua pressão arterial! Você pode fazer seu corpo ficar tão tranquilo como quando está prestes a dormir ou em relaxamento profundo com a sequência de exercícios a seguir.
Aqui seguem exemplos de técnicas que vão te ajudar a se sentir mais calmo e relaxado. Vamos experimentar agora?

Respiração diafragmática (respiração feita pelo abdômen)

- Sente-se ou deite-se em uma posição confortável.
- Feche seus olhos e respire profundamente (conte três tempos para inspirar e quatro para expirar). Foque a atenção na sua respiração. Perceba o movimento de seu abdômen subindo e descendo. Repita essa sequência três vezes.
- Bloqueie todos os outros pensamentos, sentimentos e sensações. Se perceber que sua atenção está desviando de seu corpo, volte a ficar atento à sua respiração.
- Continue o exercício por dez minutos, até ficar bem relaxado.

Relaxamento progressivo

- Deite de costas numa posição confortável. Coloque seus braços ao lado do corpo, com as palmas da mão para baixo. Se você quiser pode colocar uma música bem tranquila, sem muitas palavras. A música pode ter um efeito relaxante em nossa mente e corpo. Esse tipo de música poderá diminuir sua pulsação e batimento cardíaco, sua pressão sanguínea e seu nível de estresse. Sons da natureza, como ondas do mar e o barulho da chuva, também podem ser relaxantes.
- Aperte suas mãos (primeiro a mão direita e depois a esquerda) e mantenha-as apertadas por 15 segundos. Enquanto faz isso, relaxe o resto do seu corpo.
- Solte suas mãos em seguida. Enquanto estiver relaxando, veja uma luz dourada entrando no seu corpo e deixando seus músculos leves e flexíveis.
- Em seguida, tensione e relaxe as seguintes partes do seu corpo nesta ordem: rosto, ombros, costas, estômago, cintura, pernas, pés e dedos dos pés.
- Segure bem tensionada cada parte do corpo por 15 segundos e, em seguida, relaxe seu corpo por 30 segundos antes de ir para a próxima parte. Se você perceber algum lugar muito tenso, aperte e solte esta parte do corpo por duas vezes.

- Finalize seu exercício sacudindo suas mãos e imaginando cada tensão do corpo indo embora por seus dedos.

Locais e cenas relaxantes

- Você pode lembrar de um lugar que esteve e te deixou calmo e relaxado, ou imaginá-lo.
- Pense num lugar em que gostaria de estar ou que já esteve. Esse lugar deve ser relaxante e agradável. De olhos fechados e deitado, imagine esse local da forma mais detalhada possível, percebendo as suas cores, texturas, aromas. Respire lentamente e vá procurando relaxar e se imaginar nesse local calmo e tranquilizante.
- Fique alguns minutos nesse local em sua imaginação e eleja-o como "seu local de relaxamento".
- Todas as vezes em que se sentir tenso, você poderá buscá-lo em sua imaginação para relaxar.
- Procure praticar!

Agora você está pronto para tentar isto em casa!

Nós apresentamos para você diferentes formas de relaxar e se sentir mais calmo e tranquilo. Tente cada exercício pelo menos uma vez. Em seguida, encontre aquilo que mais dá certo para você. Fazer o exercício que você mais gosta não demorará mais do que 20 a 30 minutos.

É importante que você faça os exercícios todos os dias. Sua habilidade para relaxar e lidar com o estresse vai aumentar muito.

3 Exercício para casa

1. Pratique a respiração e o relaxamento progressivo por 15 minutos ao dia, todos os dias.
2. Escreva uma situação que te deixou ansioso e registre quaisquer pensamentos ou sensações físicas que você pôde identificar.

Situação de ansiedade	Sensações físicas	Pensamentos

Faça os exercícios da sessão 3 e ganhará 1 ponto.

Sessão 4

Reconhecendo e identificando sentimentos

Material para a sessão: figuras humanas recortadas de revistas com diferentes expressões.

1 Revisão dos exercícios para casa

Conversar sobre como foram as sensações no exercício de relaxamento.

2 Reconheça e identifique seus sentimentos

A cada dia de nossas vidas nos deparamos com sentimentos diferentes. Às vezes achamos que nossos sentimentos são negativos. Não existem sentimentos negativos ou positivos, errados ou certos. Alguns sentimentos podem ser agradáveis e outros nem tanto.

Ser capaz de entender seus próprios sentimentos e como os outros se sentem é uma habilidade importante em diferentes situações. Da mesma forma, poder sentir qualquer sentimento é importante, mesmo que você não goste dele. O que vamos aprender aqui é como lidar com eles.

Escreva alguns tipos de sentimentos que você conhece:

1.	4.
2.	5.
3.	6.

Você pode dizer muito sobre os sentimentos das pessoas pela expressão facial e pela maneira como elas se portam, sentam, onde colocam as mãos ou como posicionam a cabeça. Estas expressões são conhecidas como "linguagem corporal".

Quais as pistas que fazem você perceber a expressão facial e corporal para estes sentimentos? (Exemplo: preocupação ao enrugar a testa.)

Sentimentos	Pistas

Vamos treinar?

O terapeuta traz figuras de revistas de pessoas expressando diferentes sentimentos e o paciente experimenta durante a sessão imitar essas figuras.

Agora, conversaremos sobre seus sentimentos em diferentes situações.

Responda:
Eu me sinto feliz quando...

_____

_____

_____

_____

Eu me sinto animada(o) quando...

_____

_____

_____

_____

Eu me sinto chateada(o) quando...

_____

_____

_____

_____

Eu me sinto orgulhosa(o) quando...

_____

_____

_____

_____

Agora vamos falar sobre uma ocasião em que você se sentiu muito bem. Descreva essa situação no espaço a seguir. Diga que situação era esta, como você se sentiu e o que pensou. Depois descreva um dia normal, nem muito bom nem ruim.

Situação	Sentimentos	Pensamentos
1.		
2.		

Você percebeu se seus pensamentos têm alguma relação com seus sentimentos? Nós conversaremos durante as próximas semanas sobre como as pessoas pensam em certas situações e como isso se relaciona com a forma que elas sentem.

Vamos praticar? Leia o relato de uma menina que estava muito preocupada durante a noite.

"É meia-noite e eu não consigo dormir, pois estou muito preocupada com a prova de Português que terei amanhã. Será que vou bem? E se eu esquecer tudo que estudei? Vou repetir de ano e meus pais vão ficar muito chateados comigo. Minha professora não vai gostar mais de mim. Estou tão preocupada que estou até tremendo e não sei o que fazer".

③ Exercícios para casa

1. Você já teve alguma experiência parecida em sua vida? Descreva.
   _____
   _____
   _____

2. Como já falamos anteriormente, todos temos sentimentos que são agradáveis e outros que não são. Estes podem nos incomodar bastante. Que tal colocarmos dentro da caixa a seguir quais os sentimentos desagradáveis que tivemos nesta semana? Dessa forma, poderemos nos sentir melhor.

Faça os exercícios desta sessão e ganhe um ponto. Não se esqueça de praticar a respiração e o relaxamento.

Chegou a hora de fazer a primeira troca de pontos por um prêmio.

Sessão

5 Identificando pensamentos automáticos

1 Revisão dos exercícios para casa.

2 O que você está pensando agora?

Estamos sempre pensando em alguma coisa. Sai um pensamento e entra outro. Alguns de nossos pensamentos são adequados, porém outros podem estar aumentados ou mesmo distorcidos. Eles dizem respeito às formas como nos vemos, vemos o mundo e o nosso futuro. Precisaremos reestruturar, então, esses pensamentos que te fazem sofrer.

Exemplos de pensamentos distorcidos:

"Nunca consigo fazer amigos."
"Vou mal na escola e nunca serei um bom aluno."
"Não tenho jeito para esportes."
"Nunca vou conseguir falar em público."

Vamos treinar um pouco? Olhe para cada figura e tente adivinhar o que a pessoa indicada está pensando. Agora escolha uma outra pessoa na figura e adivinhe seus pensamentos.

Que tal esse exercício? Foi difícil?

Vamos fazer mais um? Veja a situação:

1. O técnico de futebol do clube falou para os alunos que eles iriam disputar um campeonato interclubes na próxima semana.

Você acha que todos os alunos estão pensando a mesma coisa sobre isso?

Não é bem assim. Vamos conversar com dois alunos desta classe. Mauro já joga no time há muito tempo e já disputou vários campeonatos, enquanto José começou a treinar no clube há alguns meses e nunca disputou nenhum campeonato. Que tipo de pensamentos cada um deles teve ao receber a notícia do técnico?

Mauro	José

Mais alguns exemplos:

2. Marta vai ter uma prova amanhã e não teve muito tempo para estudar, porque sua avó veio visitá-la. Ela estudaria esta noite, mas seu irmão ficou doente e ela teve que ajudar sua mãe a cuidar dele.

O que você acha disso? Dê exemplos de dois pensamentos diferentes para esta situação.

Pensamento
1.
2.

3. João está indo para um estudo do meio da escola pela primeira vez e passará três dias longe de casa.

Dê dois exemplos de pensamentos diferentes para esta situação

Pensamento
1.
2.

124 Ansiedade na infância e adolescência

De que forma Marta se sentiria e se comportaria com cada um desses pensamentos?

Pensamento	Sentimento	Comportamento
1.		
2.		

E João?

Pensamento	Sentimento	Comportamento
1.		
2.		

Sabemos que há sensações físicas que se manifestam quando estamos ansiosos. Hoje procuraremos localizar os pensamentos que acompanham tais sensações. Os pensamentos sobre determinada situação podem deixá-lo mais ou menos ansioso.

3 Pensamentos automáticos

São pensamentos que passam por nossas mentes de forma rápida, dando-nos pistas de como estamos vendo a nós mesmos, nosso presente e também o nosso futuro. Porém esses pensamentos podem, em momentos de ansiedade ou estresse, ou mesmo em momentos comuns, estarem distorcidos e serem irracionais, causando-nos muito medo, ansiedade ou preocupação.

Vamos imaginar que você tivesse "fobia de cachorros", ou seja, tivesse um medo tão grande de cachorros, que isso lhe impedisse de entrar numa casa em que houvesse um desses animais. Se lhe pedissem para entrar nesta casa, o que você pensaria que iria acontecer?

_____

_____

_____

Mesmo que o cachorro fosse pequeno e manso, para você seria como se o cachorro fosse muito perigoso.

Às vezes, a forma como enxergamos o mundo ou como vemos a nós mesmos não é muito precisa. Esta forma de enxergar o mundo, pode nos deixar muito ansiosos ou preocupados. Veja os exemplos:

Você pode enxergar o mundo com lentes de ansiedade:

Vamos ver se você utiliza alguns dos óculos com lentes de ansiedade?

Óculos com lentes muito escuras: Não considerar as boas coisas que podem acontecer numa situação, mas somente *pensar* que alguma coisa desagradável vai acontecer.
Óculos com lentes que sempre veem a mesma coisa: Se algo aconteceu uma vez, pensar que sempre acontecerá.
Óculos com lentes de aumento para coisas negativas: Sempre pensar que o pior irá acontecer.
Óculos com lentes que focam só no perigo: Esquecer as partes boas e somente pensar nas partes perigosas da situação.

Óculos com lentes de derrota: Ficar fora de algumas situações ou coisas que você acha que são atemorizantes sem ter tentado antes para ver se são tão amedrontadoras quanto você pensa.

Óculos com lentes apressadas: Pensar apressadamente e chegar a conclusões antes de ter todos os dados da situação.

Óculos com lentes que adivinham: Pensar e chegar a conclusões precipitadas de que alguém está pensando coisas ruins a seu respeito.

Óculos com lentes tiranas: Trata-se da "tirania dos deveres" – "devo fazer isso", "deveria ter feito aquilo", etc. Pensar que deve sempre acertar todas as respostas na tarefa de casa. Pensar que não deve se sentir nervoso.

Óculos com lentes da perfeição: Ter expectativas muito altas para si mesmo ou pensar coisas como "eu vou falhar"; "minha professora achará que não sou inteligente se tiver algum erro"; "eu não sou bom o bastante a menos que faça tudo perfeito", etc.

 Exercício

Vamos sentar e conversar sobre o que lemos e ver com quais tipos de óculos estamos acostumados a ver o mundo?
_____
_____
_____

5 Exercício para casa.

Estamos aprendendo que os pensamentos que temos nas diferentes situações influenciam na forma com que sentimos e nos comportamos em cada ocasião. Você pode dar um exemplo disso? Pense numa situação na qual você teve um pensamento ruim. Escreva o que pensou, o que sentiu e o que fez (como você se comportou) nessa ocasião?

Pensamento	Sentimento	Comportamento

Com que tipo(s) de óculos você enxergou a situação?

_____

_____

_____

Faça o exercício da sessão 5 e ganhe 1 ponto.
Não se esqueça de praticar a respiração e o relaxamento.

Sessão 6 — Programa SPADA - Passo um

1 Revisão do exercício para casa

2 Introdução ao programa SPADA

Agora que vocês já aprenderam que os *pensamentos* que temos nas diferentes situações influenciam na forma com que nos *sentimos* e nos *comportamos* em cada ocasião, vamos aprender e aplicar o programa SPADA, que ajudará vocês a desafiarem seus pensamentos distorcidos e preocupantes e se sentirem mais confiantes. O SPADA os ajudará a libertarem-se dos medos que os aprisionam, enfrentando a vida de uma forma mais corajosa e tranquila.

Passo 1:

O programa SPADA foi desenvolvido para ser usado sempre que você se sentir ansioso. Ele ajuda a descobrir o que está acontecendo, o que você está sentindo e como lidar com a situação. Hoje iremos apresentar o primeiro passo do programa (o "S" de SPADA). Ao utilizá-lo, você vai se libertar de seus medos, aprendendo a estar mais tranquilo em diversas situações.

S = Sensações físicas e sentimentos nos dão pistas de nossa ansiedade

Reconhecer sensações físicas, tensão no corpo e se está preocupado é o primeiro passo para aprender a lidar com estas situações.

Vamos conversar sobre algumas situações, tanto boas quanto ruins, que passamos e tentar fazer uma relação entre o que estávamos sentindo e pensando?

Será que ter bons sentimentos e sensações corporais nos leva a ter bons pensamentos? Vamos dar exemplos?

_____

_____

_____

E se tivermos sentimentos ruins ou sensações corporais ruins, será que teremos pensamentos ruins? Vamos dar exemplos?

_____

_____

_____

Vamos treinar
Situação: seus pais dizem que no final do ano vocês farão uma viagem muito divertida.

130 Ansiedade na infância e adolescência

Seus sentimentos/sensações físicas:

_____

_____

_____

Seus pensamentos:

_____

_____

_____

Situação: sua professora deu uma prova muito difícil e você vai mal.
Seus sentimentos/sensações físicas:

_____

_____

_____

Seus pensamentos:

_____

_____

_____

Situação: você foi convidado a jogar pela primeira vez no time principal de vôlei da escola.
Seus sentimentos/sensações físicas:

_____

_____

_____

Seus pensamentos:

_____

_____

_____

Situação: você terá que apresentar um trabalho que fez para toda a sua série.

Seus sentimentos/sensações físicas:

_____
_____
_____

Seus pensamentos:

_____
_____
_____

Situação: você está fazendo uma festa de aniversário e já está no horário, mas nenhum amigo seu chegou.
Seus sentimentos/sensações físicas:

_____
_____
_____

Seus pensamentos:

_____
_____
_____

Agora vamos sentar e conversar sobre algumas situações, tanto boas quanto ruins, que vivemos e tentar fazer uma relação entre o que estávamos sentindo e pensando (dar exemplos de algumas situações que vivenciou, os sentimentos/sensações físicas que sentiu e os pensamentos correspondentes).

3 Exercícios para casa.

Descreva duas situações de ansiedade pelas quais você passou. Escreva a seguir o que você estava sentindo, suas sensações físicas e o que estava pensando. Não se esqueça de praticar a respiração e o relaxamento.

132 Ansiedade na infância e adolescência

Situação	Sentimentos e sensações físicas	Pensamentos
1.		
2.		

Faça os exercícios da sessão 6 e ganhará 1 ponto.

Sessão 7 — Programa SPADA - Passo dois

1 Revisão da tarefa de casa

2 Programa SPADA - Passo dois

Vários pensamentos aparecem repentinamente em nossas cabeças. Em pessoas ansiosas, esses pensamentos podem ser amedrontadores.

- **PA** = Pensamentos Amedrontadores muitas vezes são responsáveis por acharmos que o pior vai acontecer

Identificar seus pensamentos amedrontadores é o segundo passo do programa SPADA. Para ajudá-lo a lembrar do segundo passo, você pode se perguntar: "Em que estou pensando?"

Geralmente, nossos pensamentos contêm "dicas" de como esperamos que as coisas ruins aconteçam. Prestar atenção nos pensamentos amedrontadores e aprender a lidar com eles ajuda a diminuir a ansiedade.

Como?
Uma vez que você descobre quais pensamentos são esses, como um detetive, você pode começar a *se desafiar* e procurar provas de quanto eles são reais ou não.

Podemos, como detetives, nos perguntar:

- Tenho certeza que isso vai acontecer?
- O que mais poderia acontecer nessa situação além daquilo que pensei?

134   Ansiedade na infância e adolescência

- Quantas vezes isso já aconteceu antes?
- O que diria meu melhor amigo sobre esta situação?
- Estou enxergando o mundo usando lentes de ansiedade?

Imaginem a seguinte situação:

Você é muito tímido e terá que apresentar um trabalho em frente à classe daqui a dois dias. Então, na sua cabeça, só passa o pensamento amedrontador de que não vai conseguir falar, que vai gaguejar em frente à classe e que todos vão rir de sua cara.

Será importante aprender alguns pensamentos que ajudarão nestes momentos. Eles são os *pensamentos de enfrentamento*. Por exemplo:

- Vou tentar fazer isso e ver o que acontece, talvez não seja tão ruim quanto estou pensando.
- Qual é o problema se acontecer isso? Essas coisas acontecem com todo mundo de vez em quando.
- Não sou perfeito e não conheço ninguém que seja.
- Já estive nessa situação antes e sobrevivi, mesmo sem ter gostado dela. Isso quer dizer que posso enfrentá-la de novo.
- Já que não posso adivinhar o futuro, preciso esperar e ver o que vai acontecer antes de tirar conclusões precipitadas.
- Qual a pior coisa que pode acontecer? E se isso acontecer, será tão ruim?

Dessa forma, você perceberá que há alternativas e não é certo que o pior irá acontecer.

Lidando com os pensamentos: que tipo de pensamentos de enfrentamento podem me ajudar com relação à situação do exemplo anterior?

1. _____
2. _____
3. _____
4. _____

Agora esta situação:
Você fica sempre muito preocupado antes das provas, achando que vai tirar notas baixas.

Lidando com os pensamentos: que tipo de pensamentos de enfrentamento podem me ajudar?

1. _____
2. _____
3. _____
4. _____

3 Exercício

Escreva um pouco sobre você. Que tipo de exemplos se aplicam a você e o ajudam a lidar com seus pensamentos?

Pensamentos que tenho que me deixam preocupado ou ansioso

1. _____
2. _____
3. _____
4. _____

Lidando com os pensamentos: que tipo de pensamentos de enfrentamento podem me ajudar?

1. _____
2. _____
3. _____
4. _____

Vamos conversar e dar mais alguns exemplos de algumas situações e pensamentos amedrontadores e como poderíamos lidar com eles?

4 Exercícios para casa.

Durante a próxima semana, escreva aqui duas situações nas quais você sentiu medo ou ansiedade. Escreva os pensamentos amedrontadores que teve e como lidou com eles utilizando os pensamentos de enfrentamento. Lembre-se de praticar a respiração e o relaxamento.

1ª Situação:

_____

_____

Pensamentos que tive:

_____

_____

Lidando com os pensamentos: que tipo de pensamentos de enfrentamento podem me ajudar?

_____

_____

2ª Situação:

_____

_____

Pensamentos que tive:

_____

_____

Lidando com os pensamentos: que tipo de pensamentos de enfrentamento podem me ajudar?

_____

_____

Faça os exercícios da sessão 7 e ganhará 1 ponto.

Sessão 8

Programa SPADA – Passo três

1 Revisão dos exercícios para casa

2 Programa SPADA – Passo três

O terceiro passo é resolver os problemas e imaginar os pensamentos de enfrentamento e as ações que ajudariam você a passar por esta situação. Para ajudá-lo a lembrar do terceiro passo, use esta frase:

"Demonstrando atitudes ou ações que podem ajudar"

A utilização dos *pensamentos de enfrentamento* é uma estratégia que você já aprendeu a utilizar para *lidar com seus pensamentos*.

Vamos relembrar:

Você tem que entregar um trabalho na escola hoje e percebeu que o esqueceu em sua casa. O que passou pela sua cabeça no momento em que você percebeu isso?

Pensamentos que tive:

1. _____
2. _____
3. _____
4. _____

Lidando com os pensamentos: que tipo de pensamentos de enfrentamento podem me ajudar?

1. _____
2. _____
3. _____
4. _____

Agora que você já aprendeu a lidar com os pensamentos amedrontadores por meio dos pensamentos de enfrentamento, vai aprender uma outra técnica, que se chama *resolução de problemas*. Ela vai ajudar a encontrar algumas opções possíveis para resolver seus problemas. E você poderá escolher quais destas opções se aplicam melhor a você e a sua situação.

3. Resolvendo problemas (demonstrando atitudes ou ações)

1. Pense agora num problema que você está enfrentando ou que imagina que irá enfrentar. Faça uma lista com possíveis ideias para solucioná-lo. Não descarte nenhuma por enquanto.
   _____
   _____
   _____

2. Tudo bem. Agora você pode avaliar cada uma. Dê uma nota para elas de 1 a 10. Uma nota baixa indica que essa ideia provavelmente não irá resolver o problema. A nota 10 indica que é uma grande ideia que provavelmente irá resolver o problema.
3. Agora, experimente utilizar a melhor ideia da sua lista. Funcionou? Não?
4. Tente então a segunda melhor ideia da sua lista.
5. Repita os passos 3 e 4 até que o problema seja resolvido.

140 Ansiedade na infância e adolescência

Imaginar o que fazer quando você está nervoso também é um tipo de resolução de problemas.

O que você faria nesta situação?

Você foi convidado por seus amigos para viajar para o sítio de um deles no final de semana, mas tem pavor de insetos.
Ideias e nota para cada uma delas

1. _____
2. _____
3. _____
4. _____
5. _____

Você tem uma prova amanhã e acha que não estudou o suficiente.
Quais as possíveis soluções para este problema?
Ideias e nota para cada uma delas

1. _____
2. _____
3. _____
4. _____
5. _____

Você chegou em casa da escola e descobriu que não levou sua chave de casa e que ninguém estaria lá até de noite.
O que você faria?
Quais as possíveis soluções para este problema?
Ideias e nota para cada uma delas

1. _____
2. _____
3. _____
4. _____
5. _____

Você foi convidado para uma festa e não conhece quase ninguém.
Quais as possíveis soluções para este problema?
Ideias e nota para cada uma delas

1. _____
2. _____
3. _____
4. _____
5. _____

Vamos sentar e conversar sobre outros problemas que poderiam ocorrer e como fazer para produzir ideias e resolvê-los?

Exercícios para casa.

Nesta semana, escreva aqui duas situações nas quais você se sentiu ansioso e usou as habilidades que aprendeu.

Descreva o que aconteceu em cada situação e como você usou os 3 passos que aprendeu.

1ª Situação:
___
___
___

Pensamentos que tive:
___
___
___

Lidando com os pensamentos: que tipo de pensamentos de enfrentamento podem me ajudar?
___
___
___

Demonstrando atitudes ou ações:
___
___
___

2ª Situação:
___
___
___

Pensamentos que tive:

_____

_____

_____

Lidando com os pensamentos: que tipo de pensamentos de enfrentamento podem me ajudar?

_____

_____

_____

Demonstrando atitudes ou ações:

_____

_____

_____

Não se esqueça de praticar o relaxamento e a respiração.
Faça os exercícios da sessão 8 e ganhará 1 ponto.

Chegou a hora de fazer a segunda troca de pontos por um prêmio.
Você merece!

Sessão 9 — Programa SPADA - Passo quatro

1 Revisão dos exercícios para casa

2 Programa SPADA - Passo quatro

O quarto passo do programa é dar a você uma recompensa por seu esforço. Fique motivado e continue desafiando a si mesmo. Para ajudar a lembrar do quarto passo, use esta frase:
"Aumentamos a nossa tranquilidade e ganhamos uma recompensa."

As recompensas
Tudo bem, você já percebe os seus sentimentos, você presta atenção e questiona seus pensamentos automáticos e aprendeu a resolver problemas. Com isso, você já consegue se sentir um pouco mais tranquilo. Já era tempo de você ganhar uma recompensa!

Você alguma vez se recompensou? De que forma você poderia fazer isso?

Recompensas
1. _____
2. _____
3. _____
4. _____
5. _____

Você acha que deve se recompensar só quando deu certo aquilo que fez?

Nem sempre. Algumas vezes, até mesmo se você fez um bom trabalho ou realmente se esforçou, as coisas podem não sair exatamente da maneira como planejou. Ou algumas vezes você pode pensar que poderia ter feito um trabalho melhor. Nestes casos, ainda assim recompense-se pelo esforço e não somente pelo resultado. Perfeição não existe!

Vejamos a seguinte situação:
Priscila fez uma viagem de estudo do meio com a escola e ficou com muito medo de ir, pois, na excursão do ano anterior, sentiu-se mal à noite e pediu para seus pais irem buscá-la. Ainda assim, mesmo muito preocupada, resolveu ir. Ela se sentiu mal novamente, mas desta vez conseguiu ficar até o final da viagem.

Vocês acham que Priscila deveria se recompensar pela tentativa? Se fosse com vocês, como se recompensariam?

_____

_____

Vamos praticar mais?
Pense em uma situação em que tentou fazer algo e o resultado não foi perfeito, mas também não foi ruim.

Como você se sentiria? Como você se recompensaria?

Situação:

_____

_____

_____

Pensamentos	Sentimentos	Recompensa

146 Ansiedade na infância e adolescência

A questão é que nem sempre conseguir o resultado perfeito é importante. Apenas enfrentar uma situação difícil já é muito!

Vamos sentar e conversar sobre as diversas situações em que fizemos algo e não obtivemos o resultado que esperávamos, mas tentamos e nos esforçamos?

Que tal começar a se recompensar pela tentativa?

3 Exercícios para casa.

Imaginem a seguinte situação: *Laura é uma garota muito tímida e está querendo se inserir num grupo de meninas de sua classe, mas não consegue, pois acha que não saberá o que falar para elas e ficará com cara de boba.*

Como trabalhar na resolução de problemas de Laura?
Ideias e notas:

_____
_____
_____

Que recompensas vocês se dariam se estivessem no lugar de Laura?

_____
_____
_____

Não se esqueçam de praticar a respiração e o relaxamento.
Nas próximas sessões, você fará coisas difíceis. Que tal você se recompensar? Faça uma lista com as recompensas que você se dará.

Lista de recompensas para você

_____
_____
_____

Faça o exercício da sessão 9 e ganhará 1 ponto.

Sessão 10

Programa SPADA – Dominando os quatro passos

1 Revisão dos exercícios para casa

Nesta semana, vamos praticar o uso do programa SPADA em diferentes situações pelas quais você pode passar em sua vida.

Você pode precisar pedir a seus pais para sair com seus amigos com maior frequência ou para ir a uma balada, ou mesmo conversar com eles ou com alguém sobre algo que você deseje. Para essas situações, vejamos como o programa SPADA pode ser aplicado.

Se conversar com seus pais e pedir para sair mais ou para ir a uma balada não provoca ansiedade em você, então substitua esta situação por uma que provoque ansiedade e continue o exercício.

2 Sensações físicas e sentimentos

Quando você vai fazer algo que acha difícil, é possível que sinta um frio na barriga, seu coração fique acelerado ou sua boca fique seca. O que você sente quando vai enfrentar esta situação?

_____
_____
_____

3 Pensamentos amedrontadores?

Você pode estar pensando que:

- Não vai adiantar nada, meus pais não vão deixar (óculos com lentes de aumento para coisas negativas).

Ou
- Eles vão dizer coisas que você já ouviu um milhão de vezes, como, "eu não ligo se os pais dos seus amigos o deixam fazer isso, eles não são seus pais!" (óculos com lentes que sempre veem a mesma coisa).

Ou
- Você pode estar pensando que isso nem importa, meus pais não vão entender (óculos com lentes muito escuras).

Quais pensamentos você teria?
_____
_____
_____

Agora que você entendeu como funcionam os óculos com lentes ansiosas, você pode elaborar maneiras mais precisas de pensar sobre a situação.

Aqui serão descritos alguns pensamentos de enfrentamento que podem ajudar.

 Lidando com os pensamentos

- Meus pais podem falar o que eles sempre falam, mas pode ser que não. Eles me permitiram fazer algumas coisas da maneira que eu quero, então posso estar achando que as coisas são piores do que são.
- Pode ser que eu só precise ficar calmo e tranquilo quando conversar com eles e trabalhar mais para convencê-los de que pensei sobre isso e que é importante para mim.
- Pode ser que eles não entendam tudo, mas talvez entendam alguma coisa. Isso não seria tão ruim.

Demonstrando atitudes ou ações que podem ajudar

Agora é hora da resolução dos problemas. O que você pode fazer para que isso aconteça da melhor maneira possível? Aqui estão algumas dicas para que você comece:

- Procure um momento tranquilo para falar com eles.
- Planeje. Quais seriam algumas de suas preocupações? Como você iria convencê-los que podem confiar em você e que está preparado para lidar com esta responsabilidade que vem com o que está pedindo?
- Fale com calma.
- Procure respirar e manter-se tranquilo.
- Fale sem agressividade.
- Deixe que terminem e não interrompa. Peça que façam o mesmo com você.
- Mostre respeito por eles durante a conversa.

O que mais você pode fazer para ajudar na sua situação específica?

_____

_____

_____

Aumentamos a nossa tranquilidade e ganhamos uma recompensa

Bem, os resultados provavelmente aparecerão. Mesmo que o resultado não seja exatamente o que você esperava, é muito melhor que tenha tentado. Você foi muito corajoso! Que tal se recompensar por isso? Qual ou quais as recompensas se dará?

_____

_____

_____

Exemplo 1: Apresentando para a classe
(Quando você está com muito medo)

Você vai se apresentar a alguns colegas do cursinho ou da nova escola.

Sensações físicas e sentimentos?

Mãos suadas, coração acelerado, boca seca. Estas são as reações naturais do corpo a esta situação. Respire fundo.

Pensamentos amedrontadores?

Preste atenção se você está enxergando o mundo usando óculos com lentes de ansiedade:

- "Eles vão pensar que eu sou chato." (Óculos com lentes muito escuras)

Ou

- "Eles podem responder a minha primeira questão e depois eu não vou saber o que mais dizer." (Óculos com lentes de aumento para coisas negativas)

Que outras coisas você poderia pensar? Com que óculos com lentes de ansiedade você estaria enxergando a situação?

_____

_____

_____

Lidando com os pensamentos: que tipo de pensamentos de enfrentamento podem me ajudar?

_____

_____

_____

Demonstrando atitudes ou ações que podem ajudar

Pode ser que eles estejam querendo falar com você também. É natural ficar nervoso numa primeira conversa. Então, enfrentar a pessoa ou situação que você teme é a melhor coisa!

Algumas dicas adicionais:

- Mostre interesse.
- Use os nomes das pessoas quando estiver falando com elas.
- Mantenha contato visual. Isto é muito importante.

- Faça perguntas (as pessoas sentem que você está interessado em conhecê-las).
- Você não precisa sempre iniciar a conversa, lembre que quando várias pessoas conversam, sempre alguma quer contar algo.

Você acha que pode fazer algo mais na sua situação específica?
___
___
___

Aumentamos a nossa tranquilidade e ganhamos uma recompensa Bem, você pode terminar tendo feito um novo amigo. Se isso não acontecer no momento, você poderá ir conversando pouco a pouco, até que os colegas lhe conheçam. Da próxima vez será mais fácil. O que mais você vai fazer por você mesmo? Que recompensa se dará?
___
___
___

Exemplo 2: Preocupação com o Vestibular ou com o Enem
"Tenho que estudar bastante ou não vou entrar em lugar nenhum!", *"Que faculdade devo fazer?"*, *"Qual cursinho devo fazer?"*, *"Eu preciso estudar mais para entrar na faculdade"*, *"É melhor eu me sair bem no vestibular."*

Se você já ouviu qualquer uma destas frases, você já sabe onde vamos parar com isso. Há muita pressão vindo de todas as partes sobre entrar em uma boa faculdade. Mas o programa SPADA pode ajudar você a ficar mais tranquilo neste momento.

Talvez o vestibular não seja um fator de grande ansiedade para você. Se este for o caso, vamos pensar em outro exemplo.

Sentimentos e sensações físicas
Quem não ficaria? Estas situações são as prováveis causas de ansiedade em adolescentes.
Que sentimentos ou sensações físicas você tem diante desta situação?

_____
_____
_____

Pensamentos amedrontadores

Você pode estar com medo de não entrar em nenhuma faculdade. "Eu vou me sair mal no ENEM ou no vestibular. E terei que fazer cursinho o ano que vem." O que mais você pode estar pensando?

_____

_____

_____

Lidando com os pensamentos: que tipo de pensamentos de enfrentamento podem me ajudar?

"Quem falou que eu não vou entrar na faculdade? Não sou nenhum adivinho, além do mais, estou disposto a estudar."

Demonstrando atitudes ou ações que podem ajudar

Este é um período perfeito para usar suas habilidades. Não deixe que os pensamentos amedrontadores tomem conta. Pense em seus pontos fortes.

- Pesquise os vestibulares em que você tem interesse. Desta forma, você terá mais informações sobre o que deve fazer para se preparar.
- Lembre dos seus pontos fortes. Em quais matérias e conteúdos você tem mais facilidade? Quais você mais gosta?
- Seu maior esforço levará você à faculdade na qual mais se encaixa.
- Divida seu plano de estudo em partes menores e manejáveis, assim ele não parecerá tão desafiador. Você se sairá bem.
- Nem todos que estão nas melhores faculdades são felizes ou têm sucesso. De várias formas, o que determina sua felicidade ou sucesso é o que você faz na faculdade e não em que faculdade você está.

Pense em algumas outras ideias:

_____

_____

_____

Aumentamos a nossa tranquilidade e ganhamos uma recompensa

Você será capaz de aproveitar as partes divertidas deste momento, em vez de gastar seu tempo somente se preocupando com o vestibular ou com as faculdades nas quais quer entrar.

Seja generoso com você mesmo quando se esforça e estuda.

Faça intervalos.

Dê a você algumas recompensas, como poder assistir a um programa favorito na TV, jogar videogame ou talvez passar um tempo com os amigos no final de semana. O que você vai escolher?

_____

_____

_____

5 Exercícios para casa

Tente usar todo o programa SPADA durante a semana. Escreva sobre uma situação de ansiedade que você passou. Qual foi a situação em que você estava, como se sentiu, o que estava pensando, o que fez para ajudar a lidar com ela e como se recompensou depois.

Situação

_____

_____

_____

Sensações físicas e sentimentos

_____

_____

_____

Pensamentos **A**medrontadores

_____

_____

_____

SPADA: Programa de intervenção cognitivo-comportamental (Adolescentes) 155

Lidando com os pensamentos: que tipo de pensamentos de enfrentamento podem me ajudar?

_____

_____
_____

Demonstrando atitudes ou ações que podem ajudar:

_____

_____
_____

Aumentamos nossa tranquilidade e ganhamos uma recompensa:

_____

_____
_____

Faça o exercício para casa desta sessão e ganhará 1 ponto.

A sessão 11 é para seus pais!

Sessão 11 — Sessão para os pais - Orientações sobre o programa SPADA

O objetivo dessa sessão é fornecer informações sobre o que está acontecendo no tratamento e falar sobre os próximos passos. Os pais trazem as suas questões e contam ao terapeuta como seu filho tem estado fora do ambiente terapêutico.

O terapeuta explica para os pais que as sessões que se deram até o momento forneceram substrato para o aprendizado de novas habilidades, que são um pré-requisito para as sessões seguintes, nas quais se dará a prática propriamente dita. É esperado que a prática dos exercícios das próximas sessões traga o alívio e o aprendizado do controle da ansiedade.

Além disso, o terapeuta deve reforçar que o objetivo do programa não é eliminar a ansiedade, e sim conhecer seus gatilhos e aprender a controlá-la.

Conversa-se também sobre a colaboração dos pais no tratamento, a fim de que o adolescente faça os exercícios práticos em casa.

 1 O papel dos pais na manutenção da ansiedade do adolescente

Normalmente, pais ansiosos transmitem um senso de perigo constante para o adolescente, limitando a aquisição de habilidades de resolução de problemas.

Muitas vezes, são um modelo de comportamento ansioso, identificando mais ameaças em situações ambíguas e incentivando os filhos a lidarem com desafios ou situações novas por meio da esquiva, como, por exemplo, evitar viagens com amigos ou com a escola, deixar de ir a festas ou sair sozinho.

Pais preocupados transmitem ao adolescente a mensagem de que o mundo é um lugar perigoso e que ele não será capaz de lidar sozinho com ele, reforçando o perigo de acidentes e de assaltos. Também favorecem práticas educacionais que supervalorizam situações de ansiedade, tais como atitudes de superproteção, preocupação excessiva ou educação através de ameaças.

A ideia do programa é levar o adolescente a enfrentar as situações geradoras de ansiedade e não fugir delas.

Quando as pessoas aprendem a lidar com suas preocupações, medos e ansiedade evitando aquilo que as preocupa, a princípio podem se sentir melhores, mas isso não ajuda a superar a ansiedade. O que ajuda a enfrentar a ansiedade é enfrentar as preocupações e medos.

Na conversa com o terapeuta, os pais devem ser orientados a:

- Colaborar com o adolescente, para que ele faça os exercícios práticos pedidos.
- Motivar, elogiar e reforçar os comportamentos adequados e corajosos de seus filhos, dando pouca atenção aos comportamentos inadequados, que tendem a manter a ansiedade, tais como evitar as situações geradoras de ansiedade.
- Reconhecer e recompensar o esforço do adolescente.
- Apoiar se o resultado não for excelente, pois o que vale é a tentativa e o esforço.
- Estimular a independência, a confiança e a autonomia.
- Demonstrar compreensão pela angústia e dificuldade do adolescente, não subestimando o sofrimento.
- Não insistir na tranquilização constante, respondendo a seus filhos uma vez só quando eles perguntarem inúmeras vezes as coisas (há uma tendência da pessoa ansiosa de perguntar várias vezes a mesma coisa, numa tentativa de reasseguramento).

É importante que aprendam o modelo de enfrentamento e resolução de problemas em situações de grande ansiedade, adaptando-o em

158 Ansiedade na infância e adolescência

casa quando o adolescente for submetido a diferentes situações geradoras de ansiedade.

Em cada uma das sessões seguintes, o adolescente deverá escolher alguma ou algumas situações para se expor, fora do ambiente da terapia, e ir treinando as habilidades aprendidas. Com essas exposições a situações temidas, a ansiedade começará a diminuir.

O programa SPADA ajuda seu filho a:

- Perceber as sensações físicas e sentimentos que tem.
- Prestar atenção aos pensamentos que passam por sua cabeça.
- Testar se estes pensamentos são verdadeiros ou não e encontrar formas mais adequadas de pensar.
- Aprender a ter atitudes e ações que ajudam na resolução dos problemas.
- Colher resultados e se recompensar pelas tentativas.
- Conquistar sua liberdade com a SPADA, para fazer o que a ansiedade o impedia.

Sessão

12 Comece a praticar - Situações fáceis

1 Revisão da tarefa de casa

Agora é hora de realmente fazermos o projeto SPADA andar. Usando tudo que você já aprendeu até agora, é a hora de começar a praticar. Escolha uma situação fácil, ou seja, de baixa ansiedade, para aplicar o programa SPADA.

Escreva a situação na qual você vai trabalhar hoje:

1. _____

Escreva um plano de como você vai lidar com ela:

S	PA	D	A

Marque seu nível de ansiedade de zero a dez antes e depois do exercício.

Ansiedade antes: _____ Ansiedade depois: _____

160 Ansiedade na infância e adolescência

O que você aprendeu neste exercício?

_____
_____
_____

2 Atividade complementar

Escolha um jogo para jogar com seu terapeuta.

3 Exercícios para casa

Esta semana escreva sobre uma experiência de ansiedade semelhante à situação que você praticou hoje. Relate o que aconteceu e como você usou os quatro passos.

S	PA	D	A

Faça os exercícios da sessão 12 e ganhará 1 ponto.

Chegou a hora de fazer a terceira troca de pontos por um prêmio. Você merece!

Sessão 13

Comece a praticar - Situações de média ansiedade

1 Revisão da tarefa de casa

Escolha duas situações de média ansiedade. Escreva a seguir as situações que você irá trabalhar hoje.

1. _____
2. _____

Discuta a situação com seu terapeuta. Escreva um plano de como você vai lidar com a primeira situação.

S	PA	D	A

Marque seu nível de ansiedade antes e depois do exercício.

Ansiedade antes: _____ Ansiedade depois: _____

162 Ansiedade na infância e adolescência

Como você se saiu?

_____

_____

_____

Agora vamos elaborar um plano para a segunda situação. Discuta a situação e escreva abaixo seu plano para enfrentá-la.

Situação:

_____

_____

_____

S	PA	D	A

Marque seu nível de ansiedade antes e depois do exercício.

Ansiedade antes: _____ Ansiedade depois: _____

Pratique e, então, retorne a esse ponto.

Como você enfrentou a segunda situação? Qual foi sua expectativa? O que realmente aconteceu?

_____

_____

_____

SPADA: Programa de intervenção cognitivo-comportamental (Adolescentes) 163

Converse com seu terapeuta. O que você aprendeu hoje?

_____

_____

_____

2 Atividade complementar

Escolha um jogo para jogar com seu terapeuta.

3 Exercícios para casa

Essa semana pratique duas situações de média ansiedade e escreva o que aconteceu e como você usou os passos.

1ª Situação:

S	PA	D	A

2ª Situação:

S	PA	D	A

Faça os exercícios para casa desta sessão 13 e ganhe um ponto.

Sessão 14

Comece a praticar - Situações de grande ansiedade

1 Revisão dos exercícios para casa

Escolha duas situações que causam grande ansiedade. Discuta a situação com seu terapeuta. Escreva a seguir as situações que você irá trabalhar hoje.

1. _____
2. _____

Escreva um plano de como você vai lidar com a primeira situação.

S	PA	D	A

Marque seu nível de ansiedade antes e depois do exercício.

Ansiedade antes: _____ Ansiedade depois: _____

Como você se saiu?

_____
_____
_____

Agora tente com a segunda situação. De que forma você irá enfrentá-la?

S	PA	D	A

Marque seu nível de ansiedade antes e depois do exercício.
Ansiedade antes: _____ Ansiedade depois: _____

Como você enfrentou a segunda situação?

_____
_____
_____

O que você aprendeu hoje?

_____
_____
_____

2 Atividade complementar

Escolha um jogo para jogar com seu terapeuta.

166 Ansiedade na infância e adolescência

3 Exercícios para casa

Essa semana pratique com duas situações que causem grande grau de ansiedade e escreva o que aconteceu e como você usou os passos.

1ª Situação:

S	PA	D	A

2ª Situação:

S	PA	D	A

No final do projeto SPADA, você se tornará um especialista e poderá nos ajudar com os outros adolescentes. Precisamos de ideias para transmitir da melhor forma as informações mais úteis em sua opinião. A sugestão é fazer um filme para mostrar e falar sobre o que aprendeu durante todo esse tempo em que estivemos juntos. Pode gravá-lo no seu celular e trazer na sessão 16.

Faça os exercícios para casa desta sessão e ganhe um ponto.

Sessão 15 — Mais prática - Situações de grande ansiedade

1 Revisão dos exercícios para casa

Escolha duas situações que causam grande grau de ansiedade. Discuta a situação com seu terapeuta. Escreva a seguir as situações que você irá trabalhar hoje.

1. _____
2. _____

Escreva um plano de como você vai lidar com a primeira situação.

S	PA	D	A

Marque seu nível de ansiedade antes e depois do exercício.
Ansiedade antes: _____   Ansiedade depois: _____

SPADA: Programa de intervenção cognitivo-comportamental (Adolescentes) 169

Como você se saiu?

_____

_____

_____

Agora tente com a segunda situação. De que forma você irá enfrentá-la?

S	PA	D	A

Como você enfrentou a segunda situação?

_____

_____

_____

O que você aprendeu hoje?

_____

_____

_____

Marque seu nível de ansiedade antes e depois do exercício.
Ansiedade antes: _____ Ansiedade depois: _____

2 Atividade complementar

Escolha um jogo para jogar com seu terapeuta.

3 Exercícios para casa

Essa semana, pratique com duas situações que causam grande grau de ansiedade e escreva o que aconteceu e como você usou os passos.

1ª Situação:

S	PA	D	A

2ª Situação:

S	PA	D	A

Marque seu nível de ansiedade antes e depois do exercício.
Ansiedade antes: _____ Ansiedade depois: _____

Falta somente uma sessão para o final!

Vamos preparar as ideias para o filme? Pense em algo que represente o tempo em que estivemos juntos neste programa e o que você aprendeu.

_____
_____
_____

Nesta semana, pratique mais duas situações que causam grande grau de ansiedade e escreva o que aconteceu e como você usou os passos.

1ª Situação:

S	PA	D	A

2ª Situação:

S	PA	D	A

Prepare a ideia que você teve e traga para a nossa última sessão.

_____
_____
_____
_____
_____
_____
_____
_____
_____
_____
_____

Sessão 16 — Última sessão

1 Sessão com os pais e os adolescentes e prevenção de recaídas

Pais e filhos se reúnem para conversarem sobre como foi esse tempo, quais os aprendizados, o que mudou em suas vidas a partir dessa experiência.

É sugerido que os adolescentes mostrem o que prepararam para a conclusão do programa.

Em resumo, o programa SPADA é para ser usado sempre que você se sentir ansioso. Ele ajuda a lidar com situações que fazem você se sentir ansioso.

Passo um
Reconhecer as sensações físicas e a tensão no seu corpo, como pistas para que você saiba que está preocupado e que deveria colocar o plano em ação. Para ajudar a lembrar do primeiro passo, você pode usar a pergunta: *"O que estou sentindo?"*.

Passo dois
Identificando seus pensamentos amedrontadores automáticos crie evidências a favor e contra eles. Para ajudar a lembrar do segundo passo você pode usar essas perguntas:
- Tenho certeza que isso vai acontecer?
- O que mais poderia acontecer nessa situação além daquilo que pensei?
- Quantas vezes isso já aconteceu antes?
- O que diria meu melhor amigo sobre esta situação?

- Estou enxergando o mundo usando óculos com lentes de ansiedade?

Passo três
Tenha atitudes que vão ajudar nesta situação. Comece a resolver o problema e a usar os pensamentos ou as ações que ajudam a lidar com a situação. Para ajudar a lembrar do terceiro passo você pode usar a seguinte frase: *"Demonstrando atitudes ou ações que podem ajudar"*.

Passo quatro
O quarto passo é recompensar-se pelo seu esforço. Isso ajudará você a manter-se motivado e a continuar desafiando-se. Para ajudar a lembrar do quarto passo, você pode usar esta frase: *"Aumentamos a tranquilidade e ganhamos uma recompensa"*.

Programa SPADA concluído.
Parabéns!

Não se esqueça de fazer a quarta troca de pontos por um prêmio. Você merece!

Estratégias para prevenção de recaídas:

Um dos objetivos da Terapia Cognitivo-Comportamental é a remissão dos sintomas e o aprendizado de diversas ferramentas, as quais o ajudarão a ser seu próprio terapeuta.

Ao ensinar as técnicas e ferramentas ao adolescente, o terapeuta enfatiza que estas são para a vida inteira e que ele poderá utilizar cada vez que precisar delas.

É importante:

- Se estiver medicado, não parar a medicação sem conversar com seu médico.
- Ficar atento se os sintomas começarem a voltar.
- Continuar a se expor às situações que geravam ansiedade.
- Corrigir, como um detetive, possíveis pensamentos distorcidos.
- Identificar as situações-gatilho ou preparar-se para eventos futuros difíceis.
- Não esquecer de praticar o relaxamento progressivo e a respiração diafragmática.
- Procurar levar uma vida saudável, fazendo exercícios físicos regularmente.
- Ter uma vida social ativa.

Referências

1. American Psychiatric Association (APA). Manual diagnóstico e estatístico de transtornos mentais, texto revisado (DSM-5-TR), 5.ed. Porto Alegre: Artmed; 2023.
2. Binder EB. The genetic basis of mood and anxiety disorders - changing paradigms. Biol Mood Anxiety Disord. 2012;2:17.
3. Blackford JU, Pine DS. Neural substrates of childhood anxiety disorders: a review of neuroimaging findings. Child Adolesc Psych Clin North Am. 2012;21(3):501-25.
4. Bolton D, Eley TC, O'Connor TG et al. Prevalence and genetic and environmental influences on anxiety disorders in 6-year-old twins. PsycholMed. 2006;36(3):335-44.
5. Borelli JL, Smiley P, Bond DK, Buttitta KV, DeMeules M, Perrone L, et al. Parental anxiety prospectively predicts fearful children's physiological recovery from stress. Child Psychiatry Hum Dev. 2015;46(5):774-85.
6. Chiu A, Falk A, Walkup JT. Anxiety disorders among children and adolescents. Focus (Am Psychiatr Publ). 2016;14(1):26-33.
7. Connolly SD, Bernstein GA, The Work Group on Quality Issues. Practice parameter for the assessment and treatment of children and adolescents with anxiety disorders. J Am Acad Child Adolesc Psychiatry. 2007;46:267-83.
8. Connolly SD, Suarez L, Sylvester C. Assessment and treatment of anxiety disorders in children and adolescents. Curr Psychiatry Rep. 2011;13(2):991108.

9. Costello, EJ, Egger HL, Angold A. The developmental epidemiology of anxiety disorders: phenomenology, prevalence, and comorbidity. Child Adolesc Psychiatric Clin North Am. 2005;14(4):631-48.

10. Creswell C, Waite P, Hudson J. Practitioner review: anxiety disorders in children and young people: assessment and treatment. J Child Psychol Psychiatry. 2020;61(6):628-43.

11. Degnan KA, Almas AN, Fox NA. Temperament and the environment in the etiology of childhood anxiety. J Child Psychol Psychiatry. 2010;51(4):497517.

12. Dobson ET, Bloch MH, Strawn JR. Efficacy and tolerability of pharmacotherapy for pediatric anxiety disorders: a network meta-analysis. J Clin Psychiatry. 2019;80(1):17r12064.

13. Eley TC, Rijsdijk FV, Perrin S, O'Connor TG, Bolton D. A multivariate genetic analysis of specific phobia, separation anxiety and social phobia in early childhood. J Abnorm Child Psychol. 2008;36(6):839-48.

14. Harmer CJ, Duman RS, Cowen PJ. How do antidepressants work? New perspectives for refining future treatment approaches. Lancet Psychiatry. 2017;4(5):409-18.

15. Kendall PC, Brady EU, Verduin, TL. Comorbidity in childhood anxiety disorders and treatment outcome. J Am Acad Child Adolesc Psychiatry. 2001;40:787-94.

16. Kessler RC, Avenevoli S, Costello EJ, Georgiades K, Green JG, Gruber MJ, et al. Prevalence, persistence, and sociodemographic correlates of DSM-IV disorders in the National Comorbidity Survey Replication Adolescent Supplement. Arch Gen Psychiatry. 2012;69(4):372-80.

17. Lau JY, Eley TC, Stevenson J. Examining the state-trait anxiety relationship: a behavioural genetic approach. J Abnorm Child Psychol. 2006;34(1):19-27.

18. Merikangas KR, He JP, Burstein M, Swanson SA, Avenevoli S, Cui L, et al. Lifetime prevalence of mental disorders in U.S. adolescents: results from the National Comorbidity Survey Replication – Adolescent Supplement (NCS-A). J Am Acad Child Adolesc Psychiatry. 2010;49(10):980-9.

19. Pine, DS, Ernst M, Leibenluft E. Imaging-genetics applications in child psychiatry. J Am Acad Child Adolesc Psychiatry. 2010;49(8):772-82.

20. Racine N, McArthur BA, Cooke JE, Eirich R, Zhu J, Madigan S. Global prevalence of depressive and anxiety symptoms in children and adolescents during covid-19: a meta-analysis. JAMA Pediatr. 2021;175(11):1142-50.

21. Rapp A, Dodds A, Walkup JT, Rynn M. Treatment of pediatric anxiety disorders. Ann NY Acad Sci. 2013;1304:52-61.

22. Rynn M, Puliafico A, Heleniak C, et al. Advances in pharmacotherapy for pediatric anxiety disorders. Depress Anxiety. 2011;28:76-87.
23. Sandstrom A, Uher R, Pavlova B. Prospective association between childhood behavioral inhibition and anxiety: a metaanalysis. J Abnorm Child Psychol. 2020;48(1):57-66.
24. Shelton RC. The nature of the discontinuation syndrome associated with antidepressant drugs. J Clin Psychiatry. 2006;67[suppl 4]:3-7.
25. Strawn JR, Lu L, Peris TS, Levine A, Walkup JT. Research review: Pediatric anxiety disorders – what have we learnt in the last 10 years? J Child Psychol Psychiatry. 2021;62(2):114-39.
26. Tiwari S, Asbahr FR, Kendall P. Terapia cognitivo-comportamental. In: Asbahr FR. Transtornos de ansiedade na infância e adolescência, 2a ed. São Paulo: Casa Leitura Médica; 2010. p. 261-96.
27. Walkup JT, Albano AM, Piacentini J et al. Cognitive behavioral therapy, sertraline, or a combination in childhood anxiety. N Engl J Med. 2008;359(26):2753-66.
28. Wang Z, Whiteside SPH, Sim L, Farah W, Morrow AS, Alsawas M, et al. Comparative effectiveness and safety of cognitive behavioral therapy and pharmacotherapy for childhood anxiety disorders a systematic review and metaanalysis. JAMA Pediatrics. 2017;171(11):1049-56.
29. Wilson J, Markie D, Fitches A. Analysis of associations for candidate genes with anxiety disorders. Psychiatry Res. 2011;189:324-5.

Índice remissivo

A

Abuso de substâncias 16
Adivinhador 62
Adolescente 102
Afastamento de situações
    sociais 8
Agorafobia 9
Alta e prevenção de recaída
    96
Alterações de sono 18
Amitriptilina 18
Angústia 157
Animais 1
Ansiedade 2
    como uma prisão 33
    (considerada) normal 2
    normal 29
    patológica 2, 29
Antecipação do perigo 2
Antidepressivos 17, 18
Apreensão 3
Aprendendo a respirar e a
    relaxar 47, 111
Ataque de pânico 3, 4
Atendimento em grupo 28
Atitudes e ações que podem
    ajudar 30, 153
Atividade lúdica 36, 40, 44,
    51, 56
Autonomia 157

B

Balão do pensamento 65
Boca seca 3
Briga 6

C

Cansaço constante 8
Catastrofização 29
Clomipramina 17, 18
Colaboração dos pais no
    tratamento 102

Combine o rosto com o
    sentimento 51
Comece a praticar 161
Como o estresse afeta o
    corpo 107
Como o corpo reage à ansie-
    dade 42
Comportamento inibido 14
Concentração da serotoni-
    na 13
Confiança 157
Conhecendo o corpo 38
    e as sensações físicas 107
Conscientização das reações
    corporais 22
Contorno do corpo humano
    com a localização
    dos músculos 46
Conversa informal 29
Coração disparado 6
Covid-19 10

D

Déficit de atenção e hiperati-
    vidade 11
Depressão 11, 14, 16
Desconforto 3
    gástrico 18
    intenso de início abrupto
    3
Desejos alcançados 30
    e recompensas 82
Detetive dos comportamen-
    tos 30
Dificuldade
    de aprendizagem 11
    para dormir 8
Doenças não psiquiátricas 16
Dor
    de barriga e cabeça 6
    de cabeça 4, 18
    no peito 4

E

Encenação de sentimentos
    51
Enjoo 3, 6
Escitalopram 17
Escuro 1
Esquivas fóbicas 4
Estratégias 22
    para prevenção de recaí-
    das 98, 175
Estresse 12
Eu não sou capaz 62
Eu sou inútil 62
Exercícios para casa 37, 41,
    45, 56, 109, 114
Expectativas 103
Exposição 21
    a estímulos desencadeado-
    res de ansiedade 14

F

Falar na frente dos colegas 2
Falta de ar 6, 8
Fantasmas 1
Fatores neurobiológicos 14
Fazer educação física 5
Felicidade 49
Festas de aniversário 5
Fluoxetina 17
Fluvoxamina 17
Fobia(s) 4
    específicas 7, 10
    social 8

G

Gene(s)
    específicos associados aos
    transtornos ansiosos
    12
    transportador da serotoni-
    na 5-HTT 12

H

Hiperativação da amígdala 14
Hiperatividade autonômica 8

I

Identificação
 de pensamentos 22
 de sentimentos 22
Imipramina 17, 18
Independência 87
Inibição do comportamento 13
Inibidores seletivos da recaptação de serotonina 16, 17
Inibidores seletivos da recaptação de serotonina e noradrenalina 17
Insetos 1
Isolamento social 16

J

Jogo "Por dentro do corpo" 40

K

Kit de coragem 78

L

Leia essa história 59
Leitor de mentes 62
Lentes de óculos da ansiedade 62, 64
Lidando com os pensamentos 148
Lista de prêmios 36
Locais e cenas relaxantes 113
Lupa 62

M

Mal-estar generalizado 6
Mãos suadas 6
Medo 50
 de estranhos 1
 de ficar sufocado 4
 de se separar dos pais 1
 de animais 1
 preocupações exageradas 4

Modelagem 20
Modelo
 de enfrentamento 88
 de Terapia Cognitivo-
  -Comportamental 29, 102
Monstros 1
Motivação de seu filho 22
Mutismo seletivo 9

N

Não posso errar 62
Náusea 8
Nortriptilina 17

O

Objetivos do terapeuta 28, 102
Óculos com lentes de ansiedade 125
Ondas de calor e frio 8
O papel dos pais 21
O que devo fazer? 76

P

Pais ou cuidadores 4
 de crianças ansiosas 86
 ansiosos e superprotetores 13, 87
Palidez 8
Palpitações 3, 8
Papel dos pais na manutenção da ansiedade do adolescente 156
Pensamento(s) 118
 amedrontadores 104, 133
 automáticos 121, 124
 da nuvem da ansiedade 30, 68, 71
 de enfrentamento 153
 do balão 65
Pensar em situações futuras 2
Percepção dos gatilhos 22
Pessimismo 62
Pessoas com medo 38
Plano de tratamento 17
Prática 168
 educacional 87
Preocupação 50
Pressão 12
Prevenção de recaídas 173

Prisão da ansiedade 34, 78
Procedimentos baseados em exposição 20
Programa SPADA 21
 Dominando os quatro passos 147
 infantil 30
 para detonar a ansiedade 89
 praticando os quatros passos 83
Psicoeducação 19
 com a presença dos pais ou responsáveis 28, 102
Psicopatologia 14
Psicoterapias psicodinâmicas 19

Q

Queda no rendimento escolar 5
Queixas somáticas sem causa aparente 8
Questionando esse pensamento 72

R

Raiva 50
Reações no corpo 38
Recompensa 144, 174
Reconhecendo e identificando sentimentos 49, 53, 115
Recusa escolar 16
Reestruturação cognitiva 20, 21
Relaxamento 19, 21, 111
 progressivo 22, 112
 com a criança 47
Resolução de problemas 20, 21, 22
Respiração 22
 diafragmática 47, 112
Revisão 56
 dos exercícios para casa 38

S

Sensação
 de angústia intensa 6
 de falta de ar 4

182 Ansiedade na infância e adolescência

de que está morrendo 6
estranha 40
física
   da ansiedade 35, 105
   desagradável 30, 31,
      37, 41, 44
Sentimentos 118
   de apreensão 3
   que você poderia ter 54
Sertralina 17
Sessão com os pais 86, 156
   e os adolescentes 173
Sintomas
   ansiosos ao longo do
      tempo 4
   de ansiedade (considera-
      dos) normais 3
Situações 118
   de grande ansiedade 164,
      168
   de média ansiedade 161
   fáceis 159
   gatilho 98
   pessoas ou coisas que
      deixam as crianças
      ansiosas 58

Sudorese 3, 8
Suor frio 6
Surto de medo 3

T

Taquicardia 8
Taquipneia 8
Técnica de externalização 28
Temperamento inibido 14
Tensão muscular 3, 8
Terapia
   cognitivo-comportamen-
      tal 16, 17, 19, 29
   familiar 21
   farmacológica 17
Tonturas 6
Tranquilidade 144
Tranquilização 88, 157
Transtorno(s)
   de ansiedade 1, 29
   causas 12
   comorbidades 11
   de separação 7, 10
   em crianças e adoles-
      centes 3, 12
   generalizada 8

prevalência 10
social 8, 14
tratamento 16
de déficit de atenção e
   hiperatividade 11, 15
desafiador de oposição 11
do estresse pós-traumá-
   tico 6
do pânico 9
ansiosos 6
de linguagem 11
depressivos 11
Trauma 12
Treinamento de pais 21
Treino de respiração 21
Tremores 8
Tristeza 50
Trocar por um prêmio 36

U

Uso de substâncias 11, 14

V

Vestibular 152
Vida social ativa 175
Vigilância aumentada 8